AF155982

JULIAN PRESS
FINDE DEN TÄTER

Die 12 spannendsten Ratekrimis

JULIAN PRESS

FINDE DEN TÄTER

Die 12 spannendsten Ratekrimis

cbj

Der Verlag behält sich die Verwertung der urheberrechtlich
geschützten Inhalte dieses Werkes für Zwecke des Text-
und Data-Minings nach § 44b UrhG ausdrücklich vor.
Jegliche unbefugte Nutzung ist hiermit ausgeschlossen.

*Für meinen Vater, Hans Jürgen Press,
der mich schon frühzeitig in die
große Zeichenwelt führte*

und

*für Chantal, die mich in meinen Gedanken
tatkräftig unterstützt und deren detektivischer Scharfsinn
meine Fantasiewelt der Lakritzbande
fortwährend bereichert.*

Penguin Random House Verlagsgruppe FSC® N001967

13. Auflage
© 2009 cbj Kinder- und Jugendbuchverlag
in der Penguin Random House Verlagsgruppe GmbH,
Neumarkter Straße 28, 81673 München
produktsicherheit@penguinrandomhouse.de
(Vorstehende Angaben sind zugleich
Pflichtinformationen nach GPSR.)
Alle Rechte vorbehalten
Erstmals erschienen 2000 unter dem Titel
»Die Lakritzbande — Die 12 spannendsten Ratekrimis«
Umschlagbild und Innenillustrationen: Julian Press
Lektorat: Bertrun Jeitner-Hartmann
Umschlagkonzeption: basic-book-design, Karl Müller-Bussdorf
SaS · Herstellung: WM
Satz und Reproduktion: Uhl + Massopust, Aalen
ISBN 978-3-570-13755-0
Printed in Hungary

www.cbj-verlag.de

Wie immer machten Philipp, Flo und Carolin auf dem Weg zur Schule einen Abstecher zum Süßwarengeschäft in der Taubengasse Nr. 23, um bei Leo ihre Leckereien für die Schulpausen zu kaufen. Auch Kriminalkommissar Lars teilte die Leidenschaft für die Lakritzstangen. Außerdem hatten sie alle eine Vorliebe für ungelöste Detektivfälle. Das Taubenatelier, im ersten Stock über Leos Lakritzladen direkt unter dem ausgebauten Dach gelegen, war Treffpunkt der Lakritzbande.

 Als Ladeninhaber und Detektiv ist Leo auch Kopf der Bande.

 Carolin, kurz Caro, ist sportlich ein Ass und sie kombiniert blitzschnell.

 Kriminalkommissar Lars tüftelt gern am Computer.

 Florentin ist der Kleinste von allen. Deshalb wird er Flo genannt.

 Philipp beherrscht die Vogellaute. Sein treuester Begleiter ist Coco, der Kakadu.

Ferien auf Lilienstein
1. Fahrt zur alten Burg

Noch ein letzter Blick, Carolins Augen schweiften vor der Abreise aufmerksam durch das Taubenatelier, das die Lakritzbande sich als Detektivbüro im Lagerraum über Leos Konfektladen eingerichtet hatte. Wenige Minuten später polterte die ganze Bande die knarrende Holztreppe hinunter. Die Ferien hatten begonnen, und Philipp, Flo und Carolin beschlossen, die Einladung von Onkel Paul anzunehmen und einige Tage bei ihm zu verbringen. Er lebte außerhalb der Stadt in einer alten Burg. Philipp, Flo und Carolin verabschiedeten sich von Lars und Leo, die noch den Laden aufräumten.

Die Kinder schwangen sich auf ihre Drahtesel, Philipps geflügelter Freund, der Kakadu Coco, flog laut kreischend voraus. Der Weg über die vielen Schlaglöcher war mühsam und zudem sehr sandig.

»Uff«, machte Flo, als die Detektive nach einiger Zeit an eine Weggabelung kamen. »Welchen Weg nehmen wir jetzt? Das morsche Hinweisschild zur Burg Lilienstein kann uns keinen Aufschluss mehr geben«, fügte er hinzu.

»Das ist doch klar, welcher Weg infrage kommt. Onkel Paul fährt hier immer mit seinem Einspänner«, antwortete Philipp, »seht nur die Gräser an und ihr wisst Bescheid!«

  **Welcher Weg führte zur Burg Lilienstein?**

2. Ankunft am Nachmittag

Es war natürlich der rechte Weg, der von Onkel Paul mit seinem einspännigen Fuhrwagen benutzt wurde. Bereits eine halbe Stunde später erreichte die Lakritzbande den Innenhof der Burg Lilienstein.

Ausgerechnet hier sollte sich der erste große Fall der Lakritzbande ereignen.

»Hallo, ihr Schlingel«, begrüßte Philipps Onkel Paul die Ankommenden, »wie war denn euer Zeugnis?«

»Ach, ganz anständig«, entgegnete Flo stolz. »Aber ein Glück, dass die Penne erst einmal vorbei ist, jetzt können wir uns hier richtig austoben«, fuhr er fort. Noch am gleichen Tag kamen auch Lars und Leo an, allerdings mit etwas Verspätung. Schon von Weitem hörte Caro das knatternde Motorengeräusch ihres knallroten Motorrads, das sich auf dem sandigen Weg dem Burghof näherte.

»Kommt erst einmal herein, das Gepäck können wir gleich nach oben bringen«, kam Onkel Paul Lars und Leo entgegen.

»Wo ist eigentlich Coco?«, fragte Leo.

»Er sitzt oben auf der schwarzen Laterne und schaut uns schon eine ganze Weile zu!«, antwortete Philipp.

»Aber er ist nicht der Einzige, der uns seit geraumer Zeit beobachtet!«, bemerkte Carolin scharfsinnig.

❓ **Auf wen wurde Carolin aufmerksam?**

3. Ein seltsamer Fund

Wenn ich nur wüsste, weshalb uns jemand da oben von der Dachluke des Turmes die ganze Zeit beobachtet hat«, grübelte Carolin am nächsten Morgen, als sie sich vor dem Frühstück mit Philipp und Flo im Burghof traf.

»Was hat Coco denn im Schnabel«, entfuhr es Philipp plötzlich, »schaut, was er gefunden hat!«

»Donnerwetter, eine alte Münze«, fuhr Philipp fort, »die müssen wir sofort Onkel Paul zeigen, er sammelt doch so alte Geldstücke.« Kurz darauf erschienen sie am Frühstückstisch, um stolz ihren Fund zu zeigen.

»Das ist ja sonderbar«, stieß Onkel Paul hervor. Er hielt die Münze in der Hand, betrachtete sie eingehend, dann fuhr er fort: »Ein alter Luisentaler, das muss meiner sein!« Hastig stand er auf, um sich an seiner Vitrine zu vergewissern. Leo witterte den ersten großen Fall und sagte zu den Kindern: »Das werden sicher spannende Ferien.«

»Unglaublich«, Onkel Paul war fassungslos, »meine Münze ist da. Merkwürdig, wo es doch von diesem Taler nur noch zwölf Exemplare gibt!« Er legte beide Münzen nebeneinander auf den Tisch.

»Kein Unterschied«, meinte Lars nach genauem Hinschauen.

»Das stimmt nicht, die gefundene Münze ist auf jeden Fall gefälscht«, entgegnete Caro überzeugt.

»Stimmt«, pflichtete Flo bei, »Caro hat recht!«

  **Worin unterschieden sich die zwei Münzen?**

gefälschte Münze   echte Münze

4. Beobachtung im Dunkeln

Es war der Ohrring, der die Münzen unterschied. Zusammen saßen Philipp, Flo und Carolin abends auf dem Bett und stöberten in einem großen Buch über alte Münzen.

»Schaut her«, sagte Philipp, »mein Onkel hat ganz recht, hier steht es schwarz auf weiß, von den Luisentalern gibt es nur noch zwölf Exemplare auf der Welt!«

»Die müssen dann wohl sehr wertvoll sein«, unterbrach Caro, und Philipp fuhr fort: »Erstmals wurden sie 1793 geprägt, bereits einige Jahre später ...«

Kurze Zeit danach klappte Philipp das Buch zu. »Die Chronik hilft uns nicht weiter!«

»Wir müssen unbedingt herausfinden, woher die gefälschte Münze kommt«, ergänzte Caro, »lange konnte sie jedenfalls noch nicht im Burghof gelegen haben, sonst wäre sie schon längst vom Regen angelaufen!«

»Du hast recht«, entgegnete Philipp, »das bedeutet, dass wir dem Fälscher vielleicht schon auf der Spur sind.«

In der Nacht schlichen sich die drei leise in die Bibliothek, um das Buch zurückzubringen.

»Keine Menschenseele ist mehr auf«, flüsterte Caro.

»Stimmt nicht. Kurz vor uns muss noch jemand hier gewesen sein!«, entgegnete Flo. »Ich rieche es bis hierher«, machte er den Freunden mit einem Fingerzeig klar, »und dort ist der Beweis.«

  **Welche Beobachtung machte Flo?**

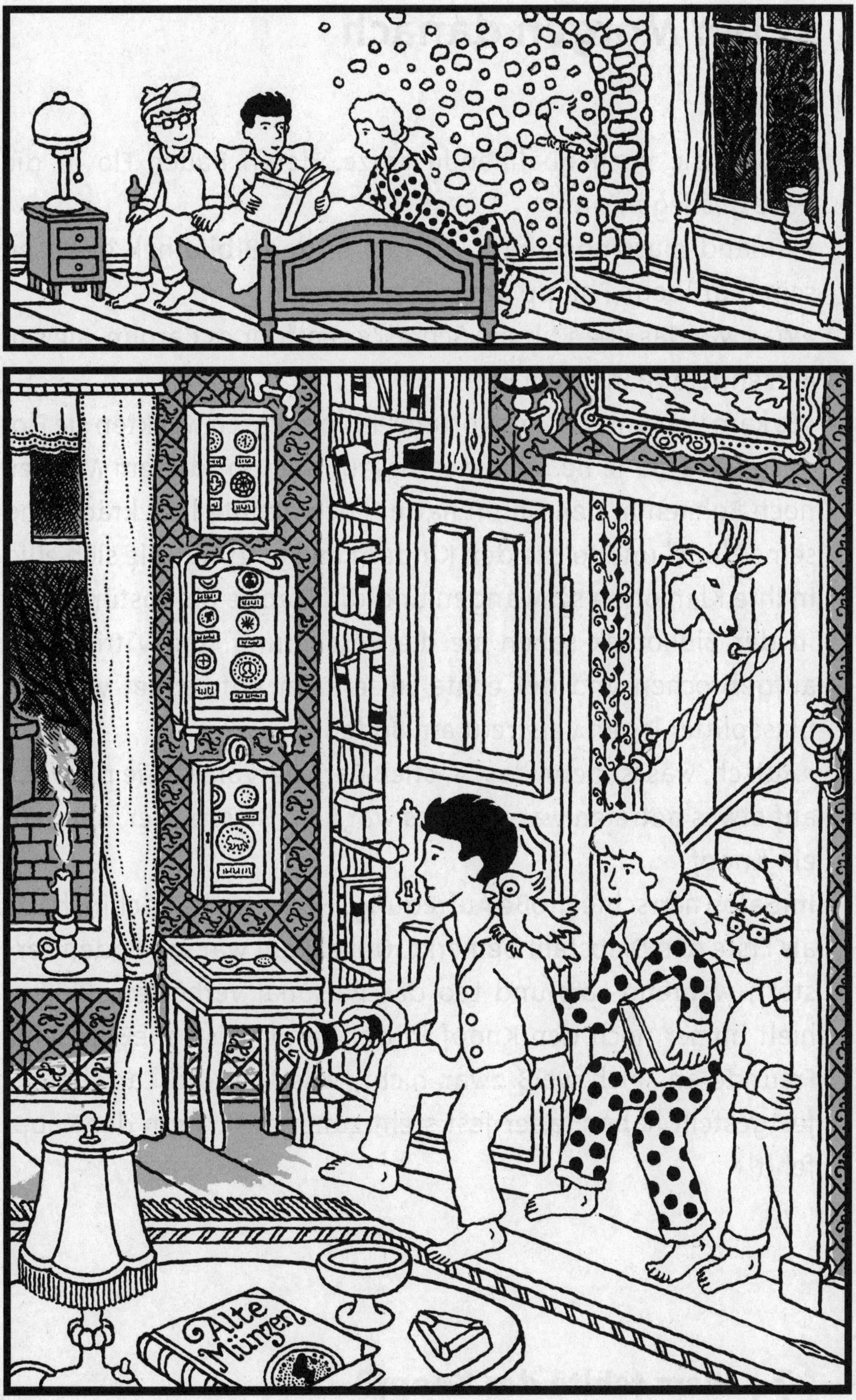

5. Der Morgen danach

Es war die noch qualmende Kerze, deren Rauch Flo in die Nase gestiegen war.

»Jemand muss noch kurz vor uns in der Bibliothek gewesen sein«, grübelte Philipp am frühen Morgen.

»Was war das eben für ein Schrei?«, entfuhr es Carolin, sie saß kerzengerade in ihrem Bett.

»Es kam von unten«, antwortete Philipp. Rasch weckten sie Flo, der zwar eine feine Spürnase besaß, aber an diesem Morgen noch Bohnen in den Ohren hatte. Coco dehnte laut krächzend seine Flügel und folgte den Kindern im Sturzflug, die sich eilig in ihre Klamotten schwangen und die Treppe hinabstürmten.

In der Bibliothek sahen sie die Bescherung. Die Vitrine war aufgebrochen und der echte Luisentaler entwendet worden. Glassplitter lagen verstreut am Boden.

»Autsch, was ist denn das?«, stieß Caro hervor, als sie plötzlich auf etwas getreten war. Aber es war kein Glassplitter, sondern ein Knopf.

Im Salon herrschte große Aufregung. Hedwig, die Köchin, hatte als Erste den Diebstahl bemerkt. Onkel Paul war am Boden zerstört, während Lars und Leo das Personal verhörten. Philipp hielt immer noch den Knopf in der Hand, leise stieß er seine Freunde an. »Ich weiß zwar nicht, was Leo und Lars bereits festgestellt haben, aber fest steht zumindest, wem der Knopf fehlt!«

  **Wem fehlte der Knopf?**

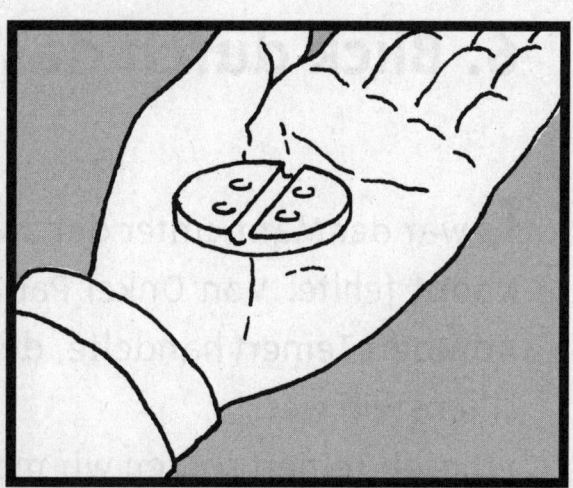

6. Blick durch das Schlüsselloch

Es war der Mann unter der zweiarmigen Wandlampe, dem der Knopf fehlte. Von Onkel Paul erfuhr Philipp, dass es sich um Adalbert Teinert handelte, der seit drei Monaten Chauffeur auf Lilienstein war.

»Diesen Teinert sollten wir mal näher unter die Lupe nehmen«, flüsterte Philipp Carolin und Flo leise zu.

»Ganz richtig«, antwortete Flo, »wir haben zwar außer dem Knopf keinen Anhaltspunkt, aber es schadet ja nicht, sich bei ihm einmal umzuschauen.« Die drei Kinder verließen den Raum und liefen eilig zu Teinerts Zimmer. Leise versuchte Philipp, die Türklinke zu drücken.  »Leider abgeschlossen«, sagte er, schaute durch das Schlüsselloch und fuhr fort: »Hmm, ich glaube nicht, dass er sich für alte Münzen interessiert, nichts weiter als Unordnung und Gerümpel.«

Voller Ungeduld blinzelte Carolin anschließend hindurch. »Aber es liegt doch klar auf der Hand, unser Teinert ist mit Sicherheit an Münzen interessiert. Der Beweis ist nicht zu übersehen.«

»He! Was macht ihr da«, erklang eine ärgerliche Stimme. Es war Adalbert Teinert, der plötzlich hinter ihnen stand.

»Ach«, stotterte Carolin verlegen, »wir haben uns nur ein bisschen umgeguckt.«

? **Welche Beobachtung machte Carolin?**

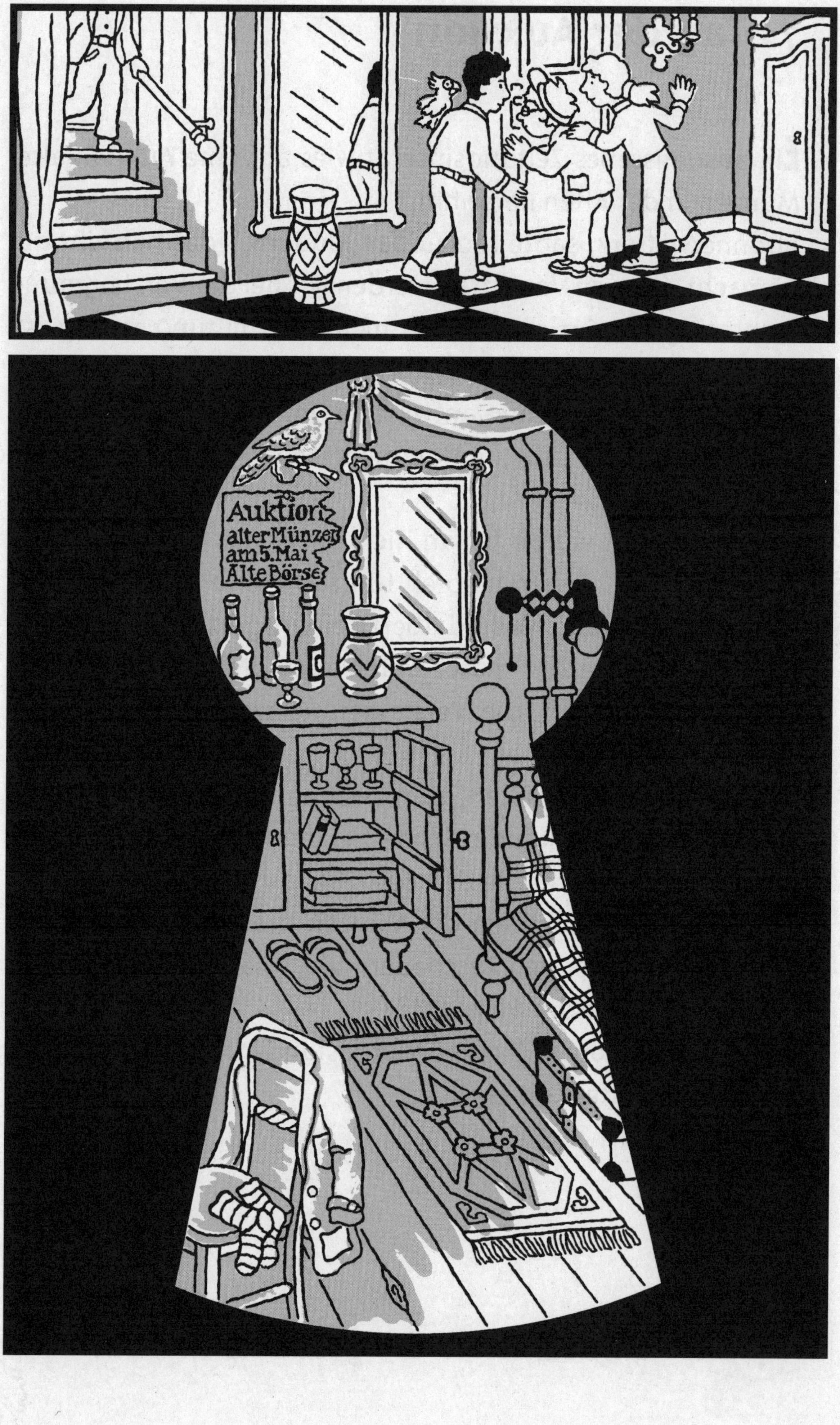

7. Tag der Auktion

Ein ausgerissenes Zeitungsinserat wies auf eine Auktion alter Münzen in der Alten Börse hin.

»Donnerwetter«, sagte Leo zu den Kindern, »das habt ihr gut gemacht. Morgen Vormittag werden wir bei der Versteigerung rechtzeitig vor Ort sein. Wenn meine Vermutung richtig ist, finden wir dort des Pudels Kern!«

»Du sprichst in Rätseln«, antwortete Flo.

»Wartet nur ab«, entgegnete Leo, »morgen sind wir schlauer.«

Teinert wurde fortan nicht mehr aus den Augen gelassen. Gegen halb elf Uhr sah die Lakritzbande vom Fenster aus, wie Adalbert Teinert gerade in sein Auto stieg. Kurze Zeit später trafen auch die fünf Detektive in der Alten Börse ein, die Versteigerung war schon in vollem Gange.

»Zehntausend zum Ersten, zum Zweiten und zum...«, rief der Auktionator in die Runde. Schon fiel der Hammer und ein riesiges Gemälde wechselte den Besitzer.

»Achtung, jetzt kommen die Münzen dran«, sagte Lars und schaute sich unter den Zuschauern um, »habt ihr unseren Teinert schon ausfindig gemacht?«

»Der steht schon seit einer Viertelstunde auf dem gleichen Fleck«, antwortete Flo rasch.

  **Wo entdeckte Flo die gesuchte Person?**

8. Eine billige Lüge

Adalbert Teinert stand rechts hinten am Ausgang. »Und nun zu einer ganz besonderen Rarität«, unterbrach der Auktionator das Stimmengewirr der Zuschauer, »ich präsentiere Ihnen jetzt einen Luisentaler, über zweihundert Jahre alt und so selten wie die blaue Mauritius, meine Damen und Herren...« Ein Raunen ging rundum und interessierte Käufer ließen sich die Münze auf einem samtenen Kissen zeigen.

»Nun kann Teinert sein Interesse an alten Münzen nicht mehr leugnen«, flüsterte Leo. »Verlieren wir keine Zeit, knöpfen wir uns den Burschen vor.«

Teinert wurde jedoch auf die Detektive aufmerksam und verschwand leise mit einem Komplizen durch den Ausgang in den strömenden Regen. Lars sah die beiden Männer im Hotel gegenüber verschwinden. Sekunden später stand die Lakritzbande auch schon vor der Zimmertür Nr. 17 und klopfte. »Aufmachen, Polizei, wir wissen, dass Sie da sind!«

»Kommen Sie rein«, tönte es aus dem Zimmer.

»Ach sieh mal an, unser alter Bekannter. Freddy, der Münzfälscher«, stieß Leo beim Eintreten hervor.

»Was wollen Sie, ich bin krank, habe das Zimmer schon seit zwei Tagen nicht verlassen.«

»Das nehme ich Ihnen nicht ab«, antwortete Leo barsch. »Sie lügen, der Beweis ist nicht zu übersehen!«

 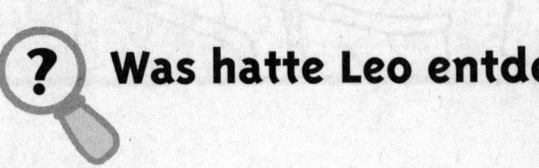 **Was hatte Leo entdeckt?**

9. Der letzte Ausweg

Leo hatte den nassen Regenschirm entdeckt, der den Hotelgast überführte. »Freddy, Sie nehmen wir mit zur Wache und Teinert finden wir auch noch«, sagte Leo.

»Mit Sicherheit hat er den Luisentaler gestern aus der Vitrine gestohlen, um ihn auf der Auktion meistbietend zu verkaufen«, mutmaßte Philipp.

»Ganz recht«, entgegnete Leo, »es wäre sicher keinem aufgefallen, wäre die echte durch die gefälschte Münze in der Vitrine ausgetauscht worden.«

»Hätte er nicht leichtsinnigerweise das gefälschte Exemplar verloren«, ergänzte Caro, »und als wir sie gefunden hatten, blieb ihm wohl nichts anderes übrig, als in letzter Minute gewaltsam die echte Münze zu stehlen.«

»Genauso war es«, stieß Leo hervor.

»Seht, das Fenster hier ist unverschlossen. Teinert ist über die Feuerleiter getürmt«, sagte Lars und machte sich mit den Kindern sogleich auf die Suche, während Leo die Festnahme von Freddy, dem Münzfälscher, vorbereitete.

»Hier im Garten werden wir nichts mehr finden«, rief Lars den Kindern zu, »unser Dieb ist sicher schon über alle Berge!«

»Da bin ich mir nicht so sicher«, antwortete Carolin, »eigentlich kann er nur hier im Innenhof sein.«

»Ich weiß, wo er steckt!«, rief Flo plötzlich dazwischen, »der entkommt uns nicht mehr!«

  **Wo hatte Flo Adalbert Teinert entdeckt?**

Aktion »Gelber Drache«
1. Tag des Abschieds

Der Tag der Abreise war gekommen, für die restlichen Ferien hatten sich Philipp, Flo und Carolin für einen Sprachkurs in Schottland eingeschrieben. Am Sonntagabend begleiteten Lars und Leo die drei zum Hauptbahnhof.

Auf dem Bahnsteig stehend, schaute die Lakritzbande dem An- und Abfahren der Züge zu. Mit dem Eurozug wollten sie direkt bis nach London fahren. Pünktlich fuhr der Zug ein und exakt zehn Minuten später setzte er sich wieder in Bewegung. Im Abteil erinnerten sich Philipp, Flo und Caro wehmütig an die kurzen Ferien auf Lilienstein und amüsierten sich noch köstlich über das Versteck in der Mülltonne, in der sich der Dieb Adalbert Teinert verborgen hatte.

Lars und Leo, die auf dem Bahnsteig zurückgeblieben waren, hatten ihren Kopf schon ganz woanders. Denn seit geraumer Zeit waren sie einem mysteriösen Kurier auf der Spur, der vermutlich regelmäßig aus Amsterdam anreiste.

»Heute brauchen wir nicht mehr nach ihm Ausschau zu halten«, meinte Leo, »es wird kein Zug mehr aus dieser Richtung kommen!«

»Du irrst«, entgegnete Lars und schaute auf die Uhr, »es wird gerade noch Zeit für einen Kaffee bleiben!«

24 |  **Wie viel Zeit verblieb bis zur Ankunft des Zuges?**

ANKUNFT ②

Zug-Nr.	Hauptbahnhof		Gleis	aus Richtung	Zu
SE 1060	Fr.-So.	16.39	2	Amsterdam	IC
BZ 0191	Mo-Fr.	17.02	1	Troisdorf	RE
RE 1213	Ma-Do.u.Sa	17.49	3	Hamburg	EC
IC 3210	Fr.u.So	18.19	1	Neustadt	IC
BZ 1917	tägl.	18.51	5	Waldfließ	EC
BZ 3514	Mo-Fr.u.So.	19.31	4	Wiesenthal	RE
IC 2710	tägl.	19.43	3	Bremen	IC
IC 1591	Fr.-So.	19.59	2	Amsterdc	IC
EC 3117	nur Sa.u.So	20.13	3	Freiburg	IC
Z 2335	tägl.	20.29	1	Aachen	
IC 1991	nur Mo.	20.31	5	Amsterd	
EC 2119	tägl. außer Fr.	20.43	4	Stein	
C 1998	Mo-Fr.	20.51	2	Breme	
R 1919	tägl.	21.03	1	Tanner	
9191	Mo-Fr.	21.15	2	Amster	
6257	nur Fr.	21.20	1	Berlin	
IR 3566	nur So.	21.40	2	Amster	
EC 3765	nur Fr.	23.21	1	Perl	

2. Ein Schatten in der Nacht

Es waren exakt noch fünfunddreißig Minuten bis zur Ankunft des Zuges aus Amsterdam. Ein reges Treiben herrschte in der Bahnhofshalle.

Vom Café aus hatten sie einen guten Überblick auf die eintreffenden Reisenden. Sie observierten die Szene, und etwa gegen zehn Uhr abends entdeckten sie in der Ferne die schwarze Silhouette eines Mannes, der mit einer Tasche in der Hand gerade die Bahngleise überquerte.

»Nanu, er scheint es ja besonders eilig zu haben. Er muss soeben mit dem Nachtexpress aus Amsterdam gekommen sein«, bemerkte Lars.

»Sehr auffällig, dass er über die Gleise stapft, vermutlich hat er spitzbekommen, dass hin und wieder Polizeibeamte die Reisenden kontrollieren«, antwortete Leo. »Das kann nur jemand sein, der etwas zu verbergen hat!«, fuhr er fort.

Die Person aus dem Dunkeln näherte sich dem Schein der Bahnhofslampen. Er hatte ein auffallend hageres Gesicht, zudem eine Augenklappe und auf dem Kopf eine Pomponmütze.

»Der ist leicht zu verfolgen«, entgegnete Lars scherzhaft. Aber ein unachtsamer Moment genügte und er hatte den seltsamen Mann aus den Augen verloren. »Er scheint uns durch die Lappen gegangen zu sein!«

»Keine Angst, ich habe ihn noch im Visier!«, beruhigte ihn Leo.

? Wo tauchte die seltsame Person wieder auf?

3. Von Hand zu Hand

Leo hatte die Person am Schließfach Nr. 12 wiedererkannt. Der Mann war gerade dabei, seine Tasche zu verstauen, um anschließend mit dem Schlüssel eilig die Bahnhofshalle zu verlassen.

»Sputen wir uns«, sagte Leo zu Lars, »spül deinen Kaffee runter und komm!« Die beiden Detektive blieben dem Mann auf den Fersen und sahen ihn gegenüber »Zur alten Kupferkanne« einkehren. Der gesuchte Mann saß auf einem Barhocker und hatte den Schlüssel des Schließfaches auf den Tresen gelegt. Leo und Lars setzten sich abseits und verfolgten gespannt die Situation.

»Nichts tut sich, alles nur eine harmlose Geschichte«, brummelte Leo, »komm, lass uns gehen, es ist schon spät. Dein Mr X trinkt nun mittlerweile schon seinen zweiten Aperitif und nichts ge...« Da stockte ihm plötzlich der Atem. »Er ist verschwunden, auch der Schlüssel ist nicht mehr da!«

»Unser Mr X hat schon das Weite gesucht und wird den Schlüssel mitgenommen haben«, meinte Lars aufgeregt und schaute sich dabei unter den Gästen um.

»Halt!«, rief Leo plötzlich. »Komm schnell mit, ich weiß, wer den Schlüssel hat.«

? Wer hatte den Schlüssel bekommen?

4. Ein rätselhaftes Fax

Leo hatte eine Frau am Ausgang entdeckt, die gerade mit dem Schlüssel in der Hand die Kneipe verließ. Die Detektive spurteten ihr nach und beobachteten, wie sie dem Bahnhof zustrebte und die geheimnisvolle Tasche aus dem Schließfach holte. Dann stieg sie eilig in ein Taxi und entschwand.

Lars pfiff das nächste Taxi herbei, um den Rücklichtern des vorausfahrenden Wagens zu folgen. Sie näherten sich der Vorstadt, als das erste Taxi in der Turmstraße hielt und die unbekannte Frau eilig in einem Untergeschoss verschwand. Leo und Lars folgten in sicherem Abstand. In der Wohnung brannte Licht, an der Tür stand der Name Hera Linke. Durch das Kellerfenster beobachteten die beiden Detektive das Geschehen.

»Was macht sie denn da?«, überlegte Lars.

»Warte ab, unsere Frau Linke sendet gerade ein Fax! Aber was mag das bedeuten… Treffpunkt morgen, ›Gelber Drache‹, 20.00 Uhr. Maria Huan.«

»Wieso Maria Huan, ich denke, wir haben es mit Hera Linke zu tun!«, wunderte sich Lars.

»Ja, das stimmt. Aber überleg mal«, entfuhr es Leo, »wenn man nur einen Buchstaben im Namen auf dem Fax verändert, ergibt die Nachricht schon einen ganz anderen Sinn.«

  **Was meinte Leo damit?**

5. Hinweis in der Wochenendausgabe

Es war ganz einfach: Stellte man den fünften Buchstaben des Namens an das Ende, so ergab sich schnell aus Maria Huan das Wort Marihuana. Lars staunte dennoch nicht schlecht über diesen Einfall.

»Das ist wirklich genial, ein erstes Licht im Dunkel der Geschichte!«

»Ja, es scheint so. Jetzt müssen wir nur noch herausfinden, was es mit dem ›Gelben Drachen‹ auf sich hat«, antwortete Leo.

In ihrem Atelier unterm Dach in der Taubengasse Nr. 23 studierten sie noch in der gleichen Nacht eifrig Adressbücher und stellten Nachforschungen übers Internet an.

»Hinter dem Namen steckt vielleicht ein Restaurant oder irgendeine Spelunke, aber ich habe noch keinen Hinweis gefunden!«

»Lass uns mal in die Zeitung schauen, vielleicht entdecken wir hier des Rätsels Lösung«, entgegnete Lars.

»Hier ist die Rubrik ›Was unternehmen wir‹, aber keine Rede vom ›Gelben Drachen‹«, sagte Leo und wollte die Zeitung schon zusammenfalten.

»Halt, nicht so schnell«, stieß Lars hervor, »hier steht doch schwarz auf weiß, wo der Treffpunkt zu suchen ist.«

  **? Welchen Hinweis entdeckte Lars?**

Was unternehmen wir am Wochenende

Kroll-Theater: Der grüne Mann vom Mars, Statisten gesucht, Anmeldg. erbeten unter Tel. 357 12.

Dressur-Tage im Tierpark: Die vier schwarzen Panter sind los, Vorst. von Fr.–So. um 22.00 Uhr, Seestr. 10

...ifenkistenrennen für die ...r Start an der Hopfengasse, ...fenstraße, Teilnehmer- ...anzt, Sa. 15.00 Uhr, An- ...er Tel. 218 14.

...Russ. Gastspiel mit ...rühmten Korsakow: ...Dame ohne Unterleib" ...lung um 19.00 und ...Uhr, Domstr. 35

...hen-Wettessen: ...wartet Sie eine ...DM. Melden in ...um schwarzen ...12.00Uhr.

...stelkurse ...iele Gags ...fertigkeit ...314 17

...Bus ab ...13 12

Colibri-Theater: "Bis zum Ge- sang der Nachtigallen", Vorstellung um 20.00 Uhr.

Theater am Spielbudenplatz: Ein Gast zu Mitternacht, Vorstellung um 19.30 Uhr.

Palast der Giganten: Rendezvous um Mitter- nacht, Premiere am Fr. um 20.00 Uhr, Sa. u. So. um 19.30 Uhr

Kanu-Rennen auf dem Mauersee Wettkampf um den Bären-Pokal, für Jung und Alt, Teilnehmer melden bis Fr. 10.00 Uhr, Start um 15.00 Uhr.

LESUNG IM GR. SAAL: Jonathan Hansen liest aus "Der Schrei aus der Ferne", Fr. um 20.00 Uhr

Flohmarkt in den Messehallen: Trödel, Antikes aus Omas Zeiten, jeden Samstag ab 8.00 Uhr, Anmeldg unter Tel. 134 26

❀ **JAHRMARKT AUF DER LUISENWIESE** ❀
Jubiläums-Ramba-Zamba, u. a. mit dem Riesenrad der Giganten, Hau den Lukas, der Looping-Achterbahn, Kinderkarrussell, der Glücksfee im Gelben Drachen, viele Lecke... und Blasmusik "... Ochse" für Kin... Preis. B...

Treffen ... **Hans ...** "Schatzsuc... Zahlr.

Schützenf... diesem Wo... Jubel, Trubel, So. ab 11.00 Uh... Tanz mit Blasmu...

Frühschoppen im ... "Zur grünen Lind... plaudert aus der Sc... So. ab 11.00 Uhr.

Wilder Weste... auf der Trabrennb... Festspiele mit Rothäu... & Bleichgesichtern, jede... um 15.00 und 19.00 U... Rennbahn 16-18

Gespenster... Horror & Schrecken auf dem Schlossplatz um 0.00 Uhr, Verkleidung erforderlich, Masken- verleih Kuntze am Marktplatz 15

Taubenzüchter laden ein: Prämierung der "Bunten L... jede Stimme zählt, Fr. ab 15.00...

6. Treffpunkt »Gelber Drache«

Auf dem Jahrmarkt auf der Luisenwiese befand sich der »Gelbe Drache«. »Sieh mal einer an, unsere Hera Linke entpuppt sich als Glücksfee«, meinte Leo, als die beiden Detektive sich am folgenden Abend rechtzeitig auf dem Rummelplatz umschauten.

»Sie verkauft Lose und hat nichts als Plüschtiere«, stellte Lars enttäuscht fest.

»Aber stell dir vor, das Rauschgift wäre in einem der Tiere versteckt — ein Handel, der rasch und sicher vor der Polizei wäre. Aber warten wir erst einmal ab, um 20.00 Uhr soll ja das mysteriöse Treffen beim ›Gelben Drachen‹ sein.«

Unweit der Glücksbude warteten Leo und Lars, aber nichts geschah. Deshalb gingen sie dem Duft in ihrer Nase nach und begaben sich zum Bratwurstgrill. Wieder zurück, stieß Lars hervor: »Donnerwetter, soeben muss einer hier bei unserer Glücksfee Linke gewesen sein!«

»Wie kommst du denn darauf?«, fragte Leo, aber im gleichen Atemzug fiel es ihm auch selber auf, denn mittlerweile war ein Plüschtier verschwunden.

Rasch ließ Leo seinen Blick umherschweifen. »Ich weiß, um welches es sich handelt — und auch, wer es hat!«

  **Wo entdeckte Leo den gesuchten Mann?**

7. Erfolgreiche Durchsuchung

Es war der Mann links neben dem Luftballonverkäufer, der gerade mit dem Stoffelefanten verschwand.

»Knöpfen wir uns den Mann mal vor«, rief Leo, »vielleicht befindet sich im Plüschtier ja tatsächlich Rauschgift!«

Die Detektive folgten ihm, bis er in einem Treppenhaus verschwand. »Verlieren wir keine Zeit«, sagte Leo, klingelte kurz darauf, aber erst nach einer ganzen Weile öffnete sich die Tür.

»Was wollen Sie?«, fragte der Mann unwirsch.

»Sie haben doch eben einen Hauptgewinn im ›Gelben Drachen‹ gezogen, nicht wahr?«, fragte Lars und hielt dem Mann seine Dienstplakette entgegen. Das Gesicht des Mannes verfinsterte sich. »Wir dürfen uns doch sicher einmal umschauen?«

»Wovon sprechen Sie? Ich habe die Wohnung nicht verlassen. Haben Sie überhaupt einen Durchsuchungsbefehl?«

»Erzählen Sie uns nichts, Sie laufen doch nicht zum Spaß in Hut und Mantel durch Ihre Wohnung.«

Die Detektive suchten nach Beweismaterial. Leo entdeckte den bereits aufgerissenen Elefanten im Papierkorb. Aber wo war die gesuchte Ware? Lars untersuchte jeden Winkel mit seiner Taschenlampe.

»Ich hab's«, stieß er hervor, »der Fall wäre gelöst!« Und zu dem verblüfften Mann gewandt, der oben am Treppenlauf lehnte, sagte er: »Sie kommen am besten gleich mit auf das Revier.«

  **Wo entdeckte Lars das Rauschgift?**

Diebstahl im Museum
1. Die erste Spur

Wie raffiniert, das Rauschgift als gelbes Drachenpulver in einer Dose unter der Kellertreppe zu verstecken! Gratulation und Gruß von Philipp, Flo und Carolin.« Diese Ansichtskarte aus Edinburgh lag auf dem Schreibtisch im Polizeipräsidium. Dort hatten Leo und Lars gerade das Protokoll unterschrieben, um den Fall zum Abschluss zu bringen, als plötzlich das Telefon klingelte und eine aufgeregte Stimme im Apparat erklang. »Es passierte alles so schnell«, stöhnte der Wärter Konopatzki vom Völkerkundemuseum. »Ich arbeite schon seit achtzehn Jahren hier, aber das ist mir noch nicht passiert. Gerade vor zehn Minuten machte ich hier meinen Rundgang — und nun dieser Diebstahl!«

Leo und Lars, die herbeigerufenen Meisterdetektive, hörten sich den Bericht aufmerksam an: »Es war genau 16.58 Uhr, als ich die Glasscheibe im Indien-Saal klirren hörte. Der Alarm wurde auch sofort ausgelöst, ich rannte herbei, aber zu spät — die wertvollste der Figuren, eine altindische Madras-Statue, ist aus der großen Vitrine verschwunden.«

»Der Täter muss sich hier wohl gut ausgekannt haben«, bemerkte Lars, »es scheint, als habe er auch keine Spuren hinterlassen.«

»Oh doch«, verbesserte ihn Leo, der den Tatort unter die Lupe nahm, »etwas hat der Täter in der Eile doch zurückgelassen.«

? Welchen Gegenstand hatte Leo entdeckt?

2. Flucht nach vorn

Beim Diebstahl der Madras-Statue im Völkerkundemuseum hatte der Täter seine Brille verloren. Detektiv Leo entdeckte sie in der aufgebrochenen Vitrine.

Im Vorraum des Museums drängten sich inzwischen zahlreiche Besucher, denn sofort, nachdem der Alarm ausgelöst worden war, wurde der Bereich vor dem Ausgang von den Museumswärtern abgesperrt und kontrolliert. Aber das kostete Zeit. Inzwischen war es bereits 17.30 Uhr und das Museum wurde offiziell geschlossen. Die Besucher strömten in Scharen zum Ausgang.

»Es ist sinnlos, hier herumzustehen«, stöhnte Leo, »der Dieb ist sicher rechtzeitig entwischt, bevor das Museum abgeriegelt wurde, und mit der geklauten Statue schon längst über alle Berge.«

Auch Lars war ziemlich ratlos. »Keine auffällige Person und keine Spur von der gestohlenen Statue«, flüsterte er.

»Aber vielleicht wird uns die gefundene Brille weiterhelfen können«, entgegnete Leo, »jemand muss sie immerhin vermissen. Hoppla...«, Leo stockte plötzlich der Atem, »schau mal, Lars, ich weiß, wem sie fehlt.«

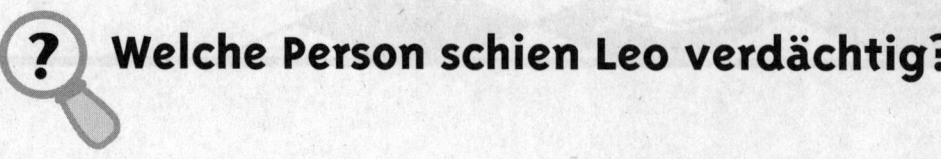 **Welche Person schien Leo verdächtig?**

3. Fahndung im Grünen

Es war für Leo und Lars nicht schwer, die gefundene Brille und die Person, die hinten am Verkaufstresen ein Buch verkehrt herum in der Hand hielt, in Zusammenhang zu bringen.

»Worauf warten wir noch?«, flüsterte Lars und pirschte sich mit Leo unauffällig an den Verdächtigen heran.

Doch der Mann hatte längst Verdacht geschöpft und hechtete mit einem großen Sprung an den Wärtern vorbei durch den Ausgang.

»Haltet den Dieb!«, rief Leo, denn er hatte erkannt, dass der Unbekannte die gestohlene Madras-Statue bei sich hatte.

Der Mann rannte die Straße entlang. Leo und Lars eilten ihm nach, doch am Eingang des Stadtparks fehlte von ihm jede Spur. Die Detektive kamen zu spät. Im Park herrschte verdächtige Stille.

Während der Suche hörten sie auf einmal ein Knacken. Das Brechen eines Astes verriet ihnen schließlich, wo der Museumsräuber sich verborgen hatte.

»Komm raus aus deinem Versteck, das Spiel ist aus!«, rief Lars.

»Und dann zeig uns, wo du deine Beute gelassen hast.«

»Das ist nicht mehr nötig«, stieß Leo keuchend hervor, »die Statue habe ich schon entdeckt!«

  **? Wo war die Madras-Statue versteckt?**

Raub in der Villa
1. Ein ungebetener Gast

Hurra, wieder einen Fall gelöst, im Astloch eines Baumes am Eingang des Stadtparks hatte der Dieb in aller Eile die gestohlene Statue versteckt...«, schrieb Lars auf seiner Antwortkarte nach Schottland, als er plötzlich von einem Telefonanruf unterbrochen wurde.

»Ich war gegen Mittag unterwegs zum Einkaufen«, erzählte Adele Perlebach ganz aufgelöst, »und als ich wiederkam, sah ich die furchtbare Bescherung. Dann habe ich Sie gleich angerufen!«

»Der Täter hat wüst gehaust hier!«, bemerkte Leo kurz darauf am Tatort und inspizierte die Wohnung auf mögliche Spuren. Lars begutachtete die Terrassentür. »Saubere Arbeit, der Einbrecher hat die Fensterscheibe eingeschlagen und die Tür geöffnet!«

»Und Spuren gibt es sicherlich keine. Der Täter hat in aller Seelenruhe das Haus durchstöbert, Zeit genug hatte er dazu«, ergänzte Leo.

»Haben Sie denn schon festgestellt, ob etwas gestohlen wurde?«, wandte sich Lars an Frau Perlebach.

»Ja«, stieß sie unter Tränen hervor, »mein wertvollstes Stück, ein Brillantkollier, und außerdem noch eine Taschenuhr meines verstorbenen Mannes!«

Leo überschaute noch einmal den Tatort. »Das stimmt nicht ganz. Der Täter hat nur ein Schmuckstück entwendet, das andere hat er in dem Chaos übersehen!«

  **Welche Beobachtung machte Leo?**

2. Ein wichtiger Hinweis

Es war die Taschenuhr unter der Kommode, die der Einbrecher übersehen hatte. Leo und Lars durchsuchten auch den Garten, aber nichts war zu finden, was ein wenig Klarheit in den Fall bringen könnte.

»Schau mal«, rief Leo, »hier liegen einige zerrissene Papierschnipsel!«

Rasch legten die beiden Detektive die vier Teile zusammen.

»Donnerwetter, ein Papierfetzen fehlt uns, aber immerhin eine interessante Nachricht. Aber was mag das nur bedeuten?«, rief Lars. In Gedanken versunken, begann er, langsam Wort für Wort zu lesen: »Treffpunkt — K. B. — ...itzkamp 5, ...oo Uhr! Hmm, eine Verabredung, dazu ein unvollständiger Straßenname, die Uhrzeit wissen wir auch nicht. Was meinst du, Leo, ob das Papier überhaupt mit dem Einbruch zu tun hat?«

Leo war sich nicht schlüssig, er schlug aber vor, den Stadtplan zu wälzen, der in der Telefonzelle auslag.

»Vielleicht werden wir dort fündig und kommen so noch rechtzeitig zum vermeintlichen Treffen«, fuhr er fort.

Aufmerksam studierte Leo die Straßennamen und seufzte: »Aber keine Straße, die mit ›...itzkamp‹ endet.«

»Doch«, stieß Lars hervor, »eine Straße gibt es!«

? **Welche Straße meinte Lars?**

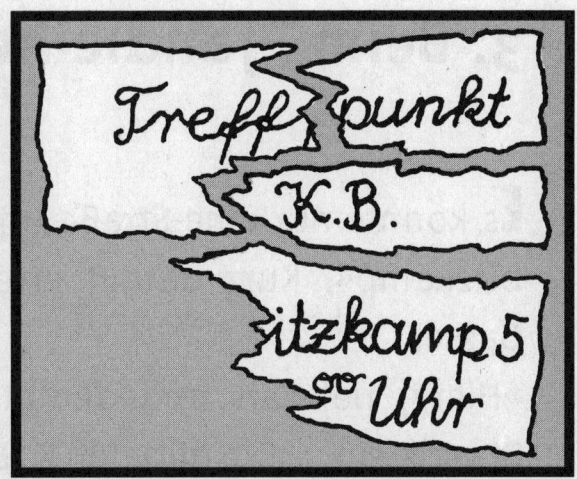

Treff punkt
K.B.
itzkamp 5
oo Uhr

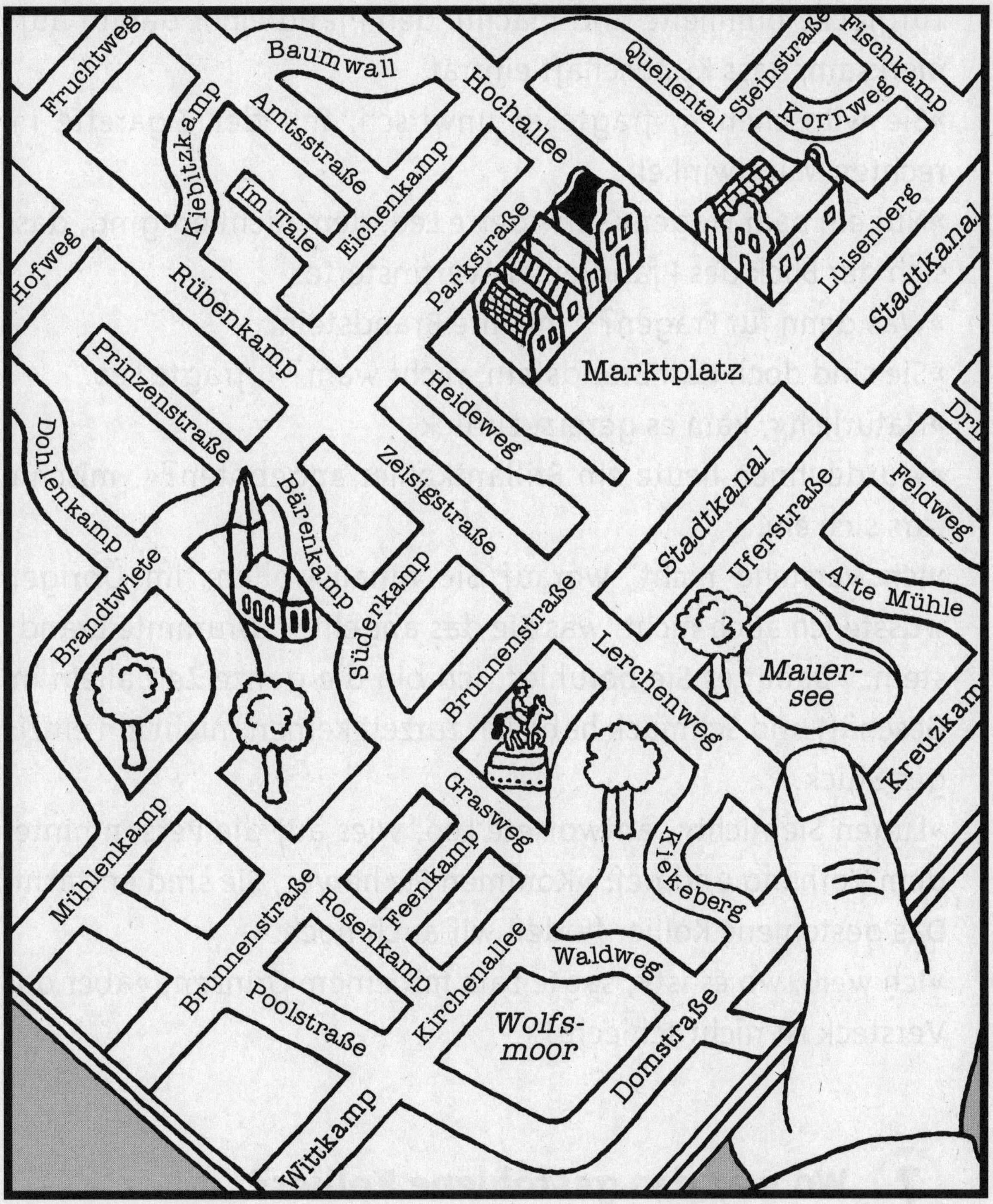

3. Beim Pfandleiher

Es konnte nur eine Straße infrage kommen, es war der »Kiebitzkamp«. Kurz darauf erreichten Lars und Leo die kleine Gasse.

»Hier«, rief Lars und deutete auf das Türschild, »Inh. Karl Brandstein. — Die Initialen K. B.« Sie betraten das Geschäft, die Türglocke bimmelte und machte den Pfandleiher darauf aufmerksam, dass Kundschaft eintrat.

»Sie wünschen?«, fragte er unwirsch, mit der Zigarette im rechten Mundwinkel.

»Nur ein paar Fragen«, erwiderte Leo, dem nicht entging, dass sich der Blick des Pfandleihers verfinsterte.

»Was denn für Fragen?«, meinte Brandstein.

»Sie sind doch Karl Brandstein, nicht wahr?«, fragte Leo.

»Natürlich«, kam es gereizt zurück.

»Wurde Ihnen heute ein Brillantkollier angeboten?«, mischte Lars sich ein.

»Ich verstehe nicht, worauf Sie hinauswollen, im Übrigen wüsste ich auch nicht, was Sie das angeht!«, brummte Brandstein. »Damit es Sie beruhigt, ich bin die ganze Zeit allein im Geschäft und Schmuck habe ich zurzeit keinen, nicht ein einziges Stück.«

»Lügen Sie nicht«, antwortete Leo, wies auf die Person hinter dem Vorhang und rief: »Kommen Sie hervor, Sie sind enttarnt. Das gestohlene Kollier finden wir auch noch.«

»Ich weiß, wo es ist«, sagte Lars mit einem Grinsen, »aber das Versteck ist nicht schlecht!«

  **Wo war das gestohlene Kollier?**

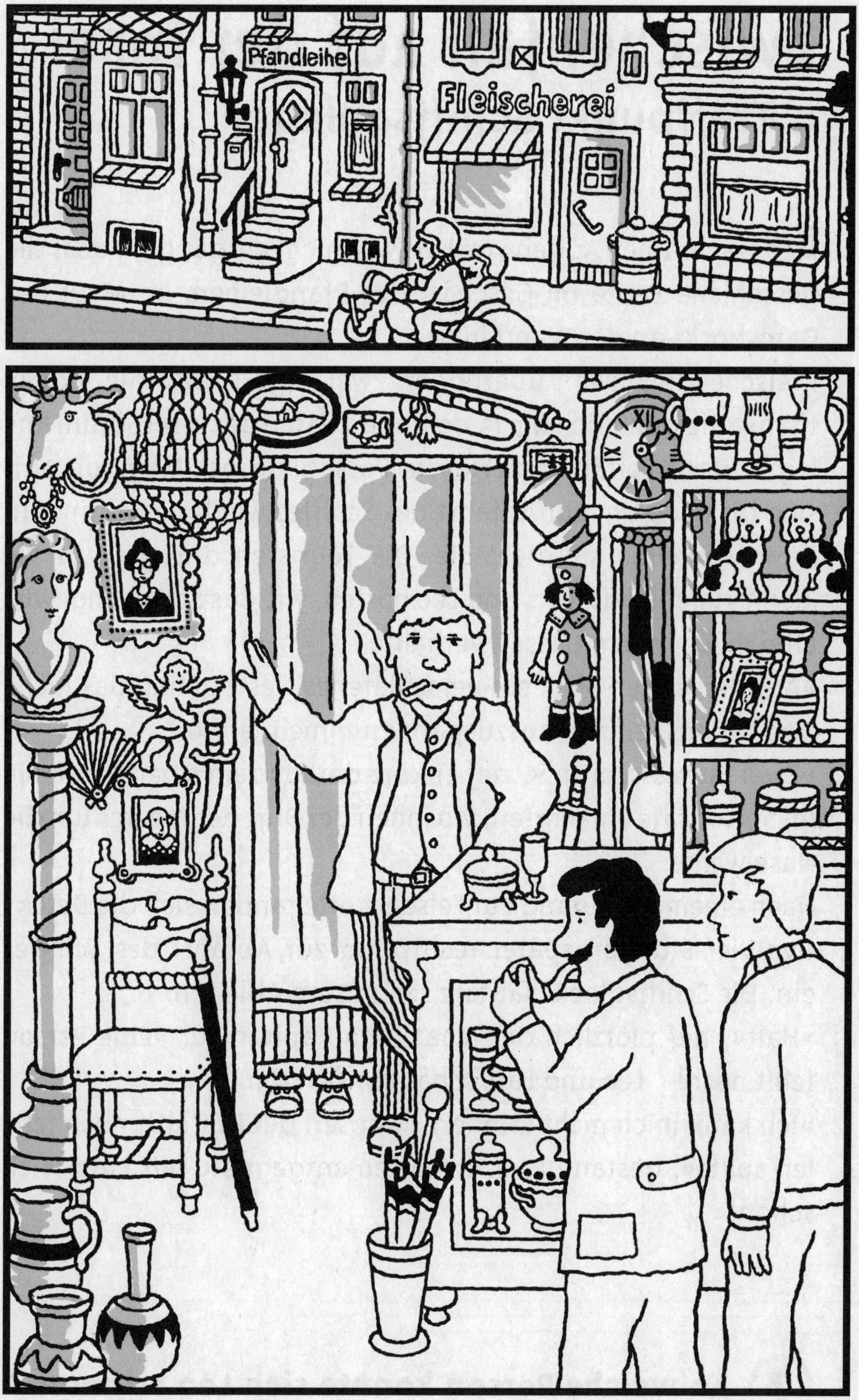

Zwischenfall auf der Insel
1. Treffpunkt Schiffsanleger

Den wachsamen Augen von Lars war nicht entgangen, dass die gestohlene Beute im Geschäft des Pfandleihers im Maul des Gamsbocks an der Wand hing.

Kreischende Möwen überflogen zwei Tage später die »Jonathan«, die pünktlich um 13.00 Uhr im Hafen der Insel Sörum anlegte. Der Kapitän forderte die Passagiere per Megafon auf, sich bis 17.00 Uhr zur Abfahrt des Schiffes wieder einzufinden, dann verließen sie die Mole. Die Touristen drängten in die kleine Hafenstadt. Lars und Leo hörten, wie das Stimmengewirr allmählich in den Gassen verhallte.

»Auf den ersten Blick ein verschlafenes Nest, genau das Richtige für uns, einmal auszuspannen«, meinte Leo.

»Zwei Espresso bitte!«, rief er kurz darauf dem Ober zu, als sie im Strandcafé einkehrten, wo ihnen der Duft des Meeres um die Nase wehte.

Nach einem Rundgang zur Felsengrotte fanden sich die Detektive vier Stunden später rechtzeitig zur Abfahrt des Schiffes ein. Die Schiffsglocke läutete schon zum Ablegen.

»Halt«, rief plötzlich der Maat dem Kapitän zu, »eine Person fehlt noch!« Leo und Lars schauten sich um.

»Ich kann mich nicht erinnern, wer seit der Hinfahrt noch fehlen sollte«, gestand Lars, doch Leo entgegnete nur kurz: »Ich schon!«

  **An welche Person konnte sich Leo erinnern?**

2. Auf der Suche

Es war die hagere Frau, die während der Hinfahrt die ganze Zeit am Heck gesessen und sich wegen des Windes ständig ihren großen Strohhut festgehalten hat«, fuhr Leo fort.

»Stimmt«, musste Lars jetzt zugeben, »also, worauf warten wir.«

»Ich habe diese Dame noch dort entlanggehen sehen«, fiel ein rundlicher Herr den beiden Detektiven ins Wort und wies mit seinem Wanderstock auf den schmalen Küstenweg, der sich oberhalb der Felsen zur kleinen Kirche schlängelte. Die Detektive eilten von Bord und machten sich sofort auf die Suche.

»Keine Seele weit und breit«, keuchte Leo nach einer halben Stunde Fußmarsch. Lars lief voraus bis zur nächsten Klippe und beschattete die Augen mit der Hand, um nicht vom Licht der untergehenden Sonne geblendet zu werden.

»Komm schnell«, rief er plötzlich ganz aufgeregt, »ich glaube, wir haben sie gefunden!« Er hastete zu einer am Boden liegenden Frau.

Leo eilte hinterher und rief: »Ich hoffe doch nicht, dass ihr etwas Ernsthaftes zugestoßen ist!«

»Nein, sicher nicht, sie ist wohl nur betäubt worden«, entgegnete Lars.

»Wie kommst du darauf?«, fragte Leo verwundert.

»Sieh dich einmal um, dann weißt du es«, gab Lars zurück.

❓ **Was hatte Lars entdeckt?**

3. Dem Täter auf der Spur

Lars dachte sofort an eine Betäubung, als er die leere Ätherflasche abseits im Gebüsch entdeckt hatte. Leo und Lars beugten sich über die Frau, klopften ihr sachte auf die Wangen und brachten sie nach kurzer Zeit wieder zu Bewusstsein.

»Was ist nur passiert«, begann die Dame nach geraumer Zeit und schluchzte leise.

»Das hätten wir gern von Ihnen gewusst«, sagte Leo, »können Sie vielleicht den Täter beschreiben, der Sie betäubt hat?«

»Nein, es ging alles so schnell. Doch warten Sie, es war ein kräftiger Mann. Ich erinnere mich an einen tätowierten Anker auf seinem rechten Oberarm, als er mich plötzlich packte und zu Boden riss. Dann betäubte der Mann mich mit einem Wattebausch«, entfuhr es der Frau. Rasch öffnete sie ihre Handtasche. »Mein ganzes Geld ist weg«, stammelte sie unter Tränen.

»Keine Angst«, versuchte Lars, sie zu beruhigen, »wir werden den Täter sicher fassen, von der Insel kommt man nicht so schnell weg!« Die Frau stützend, stiegen sie mühsam den Weg zum Hafen hinab.

»Donnerwetter«, entfuhr es Leo, als er sich aus einem der verwinkelten Treppengänge auf dem kleinen Marktplatz umschaute. »Ich habe den Täter schon entdeckt. Der entwischt uns nicht.«

  **? Wo entdeckte Leo den Täter?**

Zur goldenen Krabbe

Der Taschendieb

1. Auf Fototour

Auf ihrer Rückfahrt erfuhren Philipp, Flo und Carolin von einem Mitreisenden, dass Lars und Leo wieder einmal erfolgreich gewesen waren und den Täter in der Kneipe »Zur goldenen Krabbe« gefasst hatten.

Tags darauf machten sich die drei auf, um den restlichen Urlaubsfilm abzuknipsen.

»… und bitte recht freundlich!«, sagte Caro, als sie ihre beiden Freunde mit ihrer Automatikkamera ablichtete.

»Immer diese Erinnerungsbilder…«, gab Philipp gereizt zurück. »Kommt, lasst uns lieber ein Eis essen!«

»Gute Idee«, stimmten Caro und Flo sofort zu. Rasch wechselten sie die Straßenseite, um zum Eiscafé zu gehen. Klick, klick — machte es noch zweimal. Caro kicherte in sich hinein und sagte dann, zum Verkäufer gewandt: »Drei Lakritzeis bitte.«

»Halt mal, Flo, ein letztes Foto von den Tauben dort«, bat Caro, als die Bande mit ihrem Eis im Park saß.

»Gott sei Dank, das war's!«, stöhnte Philipp.

»Ab nach Hause in die Dunkelkammer«, spornte Flo die beiden Freunde an. Noch am Abend stellten sie eine Fotoserie zusammen.

»Vergiss nicht die Herzchen für das Familienalbum«, scherzte Philipp, als sie die Bilder auf dem Schreibtisch ausbreiteten. »Donnerwetter«, verschlug es ihm fast die Sprache, »weißt du, Caro, dass du hier einen Kriminalfall fotografisch festgehalten hast?«

(?) Auf welchem Foto war die Straftat zu sehen?

2. Am Hafen

Es war ausgerechnet beim letzten Foto mit der Taubenschar, wo Carolin zufällig einen Taschendieb vor die Linse bekommen hatte.

»Schade, ausgerechnet das Gesicht des Täters ist angeschnitten, aber wir wissen immerhin, dass er einen schwarzen Vollbart hat!«, stellte Flo fest.

Gleich am nächsten Morgen machte sich die Bande daran, das Fotomotiv zu vergrößern.

»Vielleicht können wir mehr über den Täter erfahren«. Ein wenig Hoffnung schwang in Philipps Stimme. Mit großen Augen verfolgten die drei, wie das Fotomotiv in der Entwicklerflüssigkeit immer deutlicher zum Vorschein kam.

»Was ist das für ein merkwürdiger Punkt hier auf dem Jackett?« Mit einer Klemme legte Flo das Foto in das Fixierbad. Philipp erkannte mit etwas Mühe eine kleine Anstecknadel mit den Initialen SC.

»Was mögen diese Buchstaben nur bedeuten?«, fragte sich Caro, als die drei sich am späten Vormittag zum vermeintlichen Tatort aufmachten und die Hafentreppe hinaufrannten. »Nicht so schnell«, rief Carolin den Freunden hinterher, »mein Schuhband ist aufgega... — unglaublich, ich hab des Rätsels Lösung, ich weiß, was die Initialen bedeuten.«

 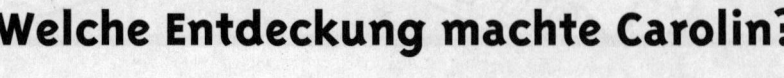 **? Welche Entdeckung machte Carolin?**

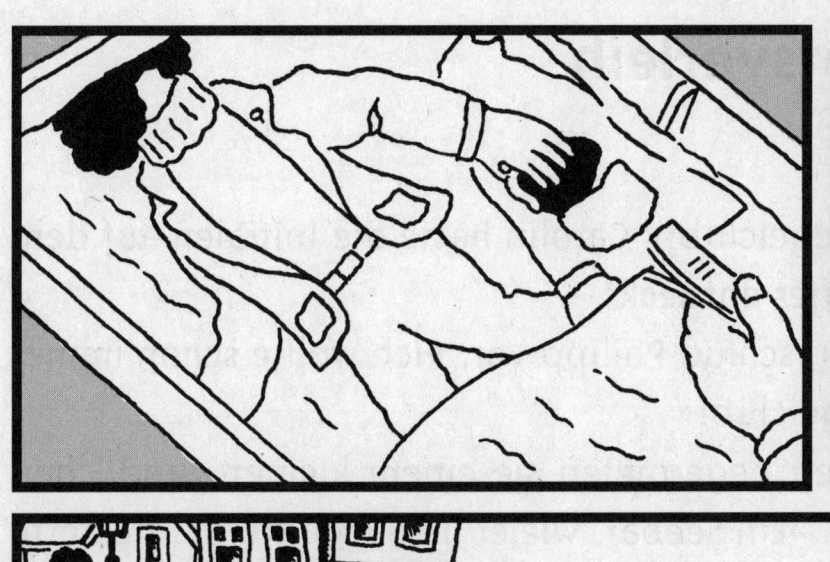

3. Am Bootsverleih

Natürlich, ein Segelclub!« Carolin hatte die Initialen auf dem Segel eines Schiffes entdeckt.

»Nichts wie hin«, schlug Philipp vor, »ich wollte schon immer mal in einen Segelclub!«

Auf dem Holzsteg begegneten sie einem kleinen rundlichen Mann mit Pfeife. »Ein Seebär, wie er im Buche steht«, flüsterte Carolin Flo zu.

»Ist hier der SC Segelclub?«, wandte sich Philipp an den alten Mann.

»Natürlich«, antwortete dieser, »wenn ihr ein Boot ausleihen wollt, müsst ihr dort zum Clubhaus gehen«, und zeigte mit einer Handbewegung auf ein längliches Holzhaus am Ende der Kaimauer.

»Nee«, antwortete Flo, »wir hätten lieber gewusst, ob es im Segelclub vielleicht ein Mitglied mit einem langen schwarzen Vollbart gibt.«

»Ja, gibt es«, erwiderte der alte Seebär, »ich kenne hier alle Segler, zwar nicht mit Namen, aber gerade gestern habe ich ihn noch gesehen. Ich erinnere mich deshalb genau, weil er einen dicken Seesack mit einem Totenkopfemblem über den Bootssteg trug. Aber wo sein Schiff liegt, keine Ahnung ...«

»Ich weiß, wo wir suchen müssen«, flüsterte Philipp seinen beiden Freunden zu, nachdem er sich eine Weile umgeschaut hatte.

? Welches Schiff gehörte dem Taschendieb?

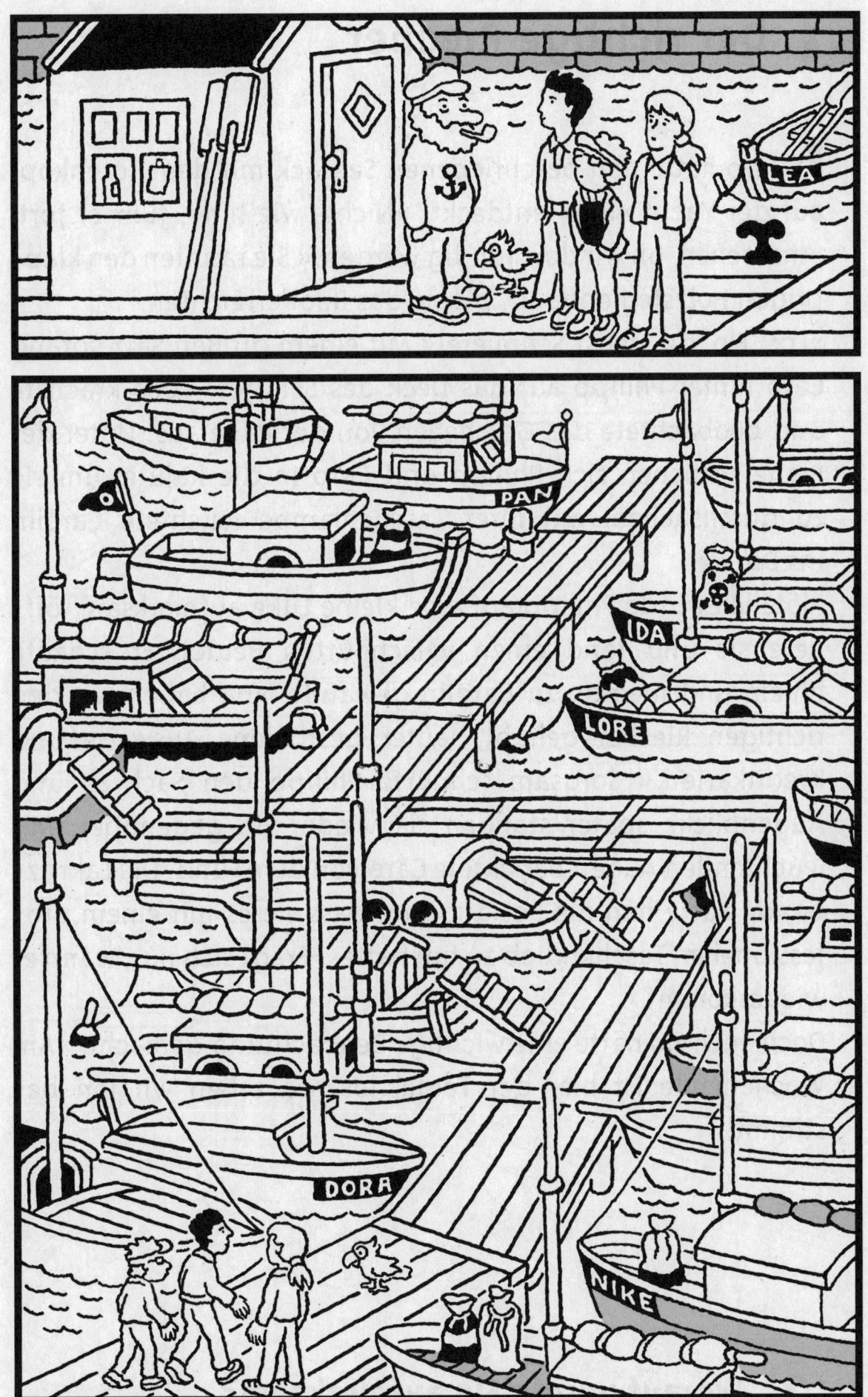

4. Der richtige Riecher

Philipp hatte den beschriebenen Seesack mit dem Totenkopf auf der Yacht »Ida« entdeckt. »Nichts wie hin«, fuhr er fort, »mal sehen, ob wir dort fündig werden.« Sie rannten den klapprigen Holzsteg entlang, bis sie das Boot erreichten.

»Los, Flo, du stehst Schmiere!« Mit einem großen Satz sprang Caro hinter Philipp auf das Deck des Schiffes. Coco krächzte und beobachtete das Geschehen von der Rahe aus. Unter der Plane schlichen sich Philipp und Caro in die Kajüte, um sie zu durchsuchen. Mit ihrer Taschenlampe leuchtete Carolin ins Dunkel.

Plötzlich wurde Philipp auf eine kleine Luke aufmerksam, öffnete sie und fand einen verschnürten Beutel. Er schaute hinein und meinte, zu Carolin gewandt: »Da haben wir den richtigen Riecher gehabt, lauter gestohlene Ausweise und Kreditkarten.« Sorgsam schnürte Philipp den Sack zu und Augenblicke später standen sie wieder Flo gegenüber. Mit leuchtenden Augen berichtete Caro von dem Fund. Die Lakritzbande hatte nun die Bestätigung, dass sie es mit einem professionellen Taschendieb zu tun hatte. »Fragt sich nur, wann er wiederkommt.«

Doch auch Flo hatte eine wichtige Beobachtung gemacht. »Am Wochenende ist hier der Teufel los, da sehen wir ihn bestimmt!«

  **Worauf wurde Flo aufmerksam?**

5. Rückzug in der Dämmerung

Flo hatte ein Plakat entdeckt, das ein Piratenfest ankündigte. »Da gehen wir hin«, schlug Caro ihren Freunden vor. Am Freitagnachmittag erschien die Detektivbande pünktlich zum Kostümfest am Clubhaus.

»Vielleicht haben wir Glück und sehen hier unseren Langfinger mit dem schwarzen Vollbart wieder. Habt ihr ihn schon entdeckt?«, fragte Philipp.

»Weit und breit ist nichts von ihm zu sehen«, bemerkte Flo.

»Oh doch«, entgegnete Carolin, »er ist schon längst da. Dort hinten im Clubhaus, links neben der Theke.«

Für Philipp war klar, jetzt durften sie ihn nicht mehr aus den Augen lassen. Sogleich postierte er sich mit Carolin an der Hafenstraße, nur Flo blieb in der Nähe des Clubhauses, um den Eingang zu beobachten.

Es wurde immer später und einige Seglerfreunde wankten bereits über den Bootssteg nach Hause, nur der Taschendieb ließ sich nicht blicken. Die Lakritzbande wurde unruhig. Plötzlich kreischte es oben am Speicher. Es war Coco, der seine Flügel dehnte und krächzte. »Psst!«, gab Philipp ihm zu verstehen.

»Es tut sich nichts«, sagte Carolin leise.

Flo kam die Sache merkwürdig vor, deshalb näherte er sich vorsichtig dem Clubhaus. »Verdammt«, entschlüpfte es ihm, »er ist uns durch die Lappen gegangen!«

  **Welche Beobachtung machte Flo?**

6. Adlerblick im Dunkeln

Da hätten wir ja lange warten können«, meinte Flo. »Bloß gut, dass ich gerade noch rechtzeitig gesehen habe, wie er in der ›Möwe‹ davonruderte!«

»In der ›Möwe‹?«, fragte Carolin verständnislos.

»So heißt doch das Ruderboot, mit dem der Taschendieb davongefahren ist!«

»Los, wir müssen hinterher, er darf uns nicht entwischen!«, rief Philipp, lief voran, über die kleine Brücke hinweg und vorbei an den alten Kontorhäusern. In deren Schatten blieben sie dem Dieb stets auf den Fersen. Hin und wieder war das Plätschern des Ruderblattes zu vernehmen, wenn es auf das Wasser schlug. Doch plötzlich war es weg, gerade als die Detektivbande die Gasse zum Torbogen hinabstieg.

»Er ist mit dem Boot entwischt, wie vom Erdboden verschluckt«, keuchte Flo außer Atem. Philipp und Caro blickten sich um, auch sie konnten ihn in der Dunkelheit nicht mehr ausmachen.

»Wie konnte das nur passieren?«, fragte sich Philipp. Doch Caro gab sich nicht zufrieden und observierte mit Adleraugen das Kanalviertel. »Donnerwetter«, entfuhr es ihr lautstark, »ich weiß, wo wir suchen müssen!«

? **Was entdeckte Carolin im Dunkeln?**

7. Unterredung im Treppenflur

Es war das Ruderboot »Möwe«, dessen Bug Caro hinter dem Brückenbogen ausgemacht hatte.

»Nichts wie hin!«, rief Philipp; wenige Sekunden später erreichte die Lakritzbande die Stelle.

»Da ist er«, flüsterte Flo seinen Freunden leise zu und holte seinen kleinen Feldstecher hervor.

»Was macht er gerade?«, wollte Caro wissen.

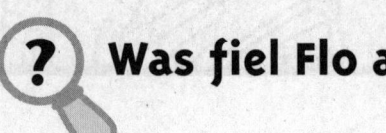

»Ich habe ihn genau im Visier, er steht gerade am Zigarettenautomaten und wirft ein Geldstück ein, um sich eine Schachtel zu ziehen.«

Sich immer im Schatten haltend, schlich die Lakritzbande heran, doch der Taschendieb verschwand in einem nur schwach beleuchteten Hausflur.

Caro stupste ihre Freunde an, ihm zu folgen. Kurz darauf erreichten sie den ersten Stock des Hauses. Auf Zehenspitzen schlichen sie sich heran, um dem Gespräch zu lauschen, das im hellen Schein einer alten Lampe zwischen zwei Personen geführt wurde.

»Was machen sie gerade?«, fragte Philipp leise.

»Es ist wohl seine Wirtin, die zur späten Stunde seinen Mietrückstand verlangt.«

»Donnerwetter«, fuhr Flo fort, »mit seinen Geldbörsen scheint der Taschendieb zu handeln!«

»Du sprichst in Rätseln«, flüsterte Philipp.

? **Was fiel Flo auf?**

8. Am Omnibusbahnhof

Wahrscheinlich hat der Taschendieb im Clubhaus noch ein paar Taschen durchwühlt. Anders kann ich es mir nicht erklären. Am Zigarettenautomaten hielt er eine helle Geldbörse in den Händen, seiner Wirtin zahlte er kurz darauf die Miete aus einer schwarzen«, meinte Flo und fragte sich: »Wer hat schon gewöhnlich zwei verschiedene Geldbörsen in der Manteltasche?« Das Licht erlosch. Mühsam tastete sich die Lakritzbande im Korridor bis zum Ausgang zurück.

»Habt ihr die Unterredung mitverfolgt?«, fragte Philipp. »Morgen früh um elf Uhr will er zum Omnibusbahnhof, und dreimal dürft ihr raten, warum er dorthin will.«

Es war für alle klar, dass sich ein Taschendiebstahl nur auf belebten Plätzen lohnte.

»Auf jeden Fall werden wir mit von der Partie sein, wir sollten aber unbedingt Lars und Leo informieren«, warf Carolin ein.

Pünktlich zur verabredeten Zeit fand sich die Lakritzbande am folgenden Tag am Omnibusbahnhof ein.

»Keine Spur von unserem bärtigen Langfinger«, meinte Carolin enttäuscht.

»Von wegen«, antwortete Philipp, »ich habe unseren Mann schon entdeckt!«

»Stimmt, aber wo will er denn nur hin?«, fragte sich Flo.

  **Welches Ziel hatte der Taschendieb?**

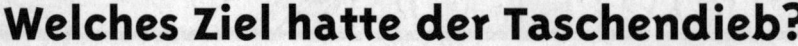

9. Demaskierung

Der Taschendieb saß hinten im Bus, der zum Dom fuhr. Die Detektivbande folgte ihm. Am Domplatz vor dem Hauptportal hatte sich eine große Touristengruppe eingefunden, um sich der Führung anzuschließen.

»Schaut«, stupste Caro ihre Freunde an, »unser Taschendieb ist auch schon da!« Sie wies zu der Bank abseits des Eingangs, von wo aus der Verdächtige wohl seine neue Tat plante. Die Stadtführerin begann ihre kunstgeschichtliche Führung am großen Denkmal. »… bereits um die Jahrhundertwende wurden bedeutende Restaurierungsarbeiten vorgenommen…«, fuhr die Frau fort, als sie plötzlich durch den Aufschrei einer Dame unterbrochen wurde. Im gleichen Augenblick brach ein tumultartiges Gedränge aus. Erstaunte Gesichter blickten den Detektiven nach, die sich blitzartig an die Fersen des Taschendiebes hefteten. Die Lakritzbande hatte ihn in flagranti erwischt, als er einer Frau die Geldbörse entwendet hatte.

»Haltet den Dieb!«, rief Caro, als sie den Täter davonhasten sah.

»Wo steckt er nur?«, fragte sich Philipp.

»Er muss hier am Dom entlanggekommen sein«, antwortete Caro, »das ist nicht zu übersehen.«

  **Was hatte Carolin entdeckt?**

10. Das Sündenbekenntnis

Donnerwetter«, Caro war sprachlos, »... da hat doch der Täter die ganze Zeit einen falschen Bart getragen.« Sie hielt einen schwarzen Vollbart mit Gummizug in den Händen, den sie soeben im Papierkorb gefunden hatte.

»Wir dürfen keine Zeit verlieren«, mahnte Leo, »vielleicht ist er im Dom und wir entdecken ihn noch.«

»Diesen Typen jetzt ohne Bart auszumachen, wird schwierig sein«, antwortete Flo.

»Stimmt«, erwiderte Leo, »aber immerhin werden wir ihn an seinen karierten Beinkleidern wiedererkennen können.«

Beim Wechsel vom grellen Sonnenlicht ins dunkle Kirchenschiff waren die Detektive wie geblendet. Einzelne Kerzen flackerten im Windzug des Kirchenportals. Viele Menschen bewegten sich leise und beeindruckt in den Seitenschiffen, während andere auf den Kirchenbänken andächtig der Orgelmusik lauschten, die durch die Lautsprecher tönte.

Flo war sich sicher, dass der Taschendieb die Kirche bereits verlassen hatte. Doch Lars beobachtete unbeirrt das Kirchenschiff und wusste bald, dass der Taschendieb ihnen nicht mehr entkommen würde.

❓ **Wo entdeckte Lars den Taschendieb?**

Auf der Galopprennbahn
1. Zwischenfall am Morgen

Hört her«, Carolin las aus der Zeitung vor, als sie in der Schlange vor der Kasse warteten, »... der Lakritzbande gelang wieder ein Schlag gegen das Verbrechen. Im Dom konnten sie einen Taschendieb festnehmen, der sich auf seiner Flucht im Beichtstuhl versteckt hatte...«

»Drei Eintrittskarten für das Pferderennen, bitte!«, bat Caro die Frau an der Kasse, als sie an der Reihe war.

»Steh- oder Sitzplätze?«, fragte die Frau kurz.

»Stehplätze bitte«, gab Caro zurück.

»He! Guckt mal dort drüben«, stieß Flo seine Freunde an, »was geht da vor sich?« Als die Kassiererin ihnen die Karten ausgehändigt hatte, schlich sich die Lakritzbande näher heran und lauschte, hinter einer Stalltür verborgen, dem erregten Wortwechsel zweier Männer.

»Wie konnte das denn nur passieren«, herrschte ein stämmiger Mann sein hilfloses Gegenüber an, »haben Sie etwa die Stalltür aufgelassen?«

»Sie sehen doch, das Schloss wurde gewaltsam aufgebrochen«, gab der andere zurück.

»Wenn ich bis Samstag zum Rennen mein Pferd nicht wiederhabe, bin ich ruiniert«, antwortete der Erste. Die drei Detektive schauten sich wenige Minuten später auf dem Stallgelände um.

»Welches Pferd wohl gesucht wird?«, flüsterte Philipp.

»Ich weiß, welches«, entfuhr es Flo blitzartig.

76   **Wie hieß das gesuchte Pferd?**

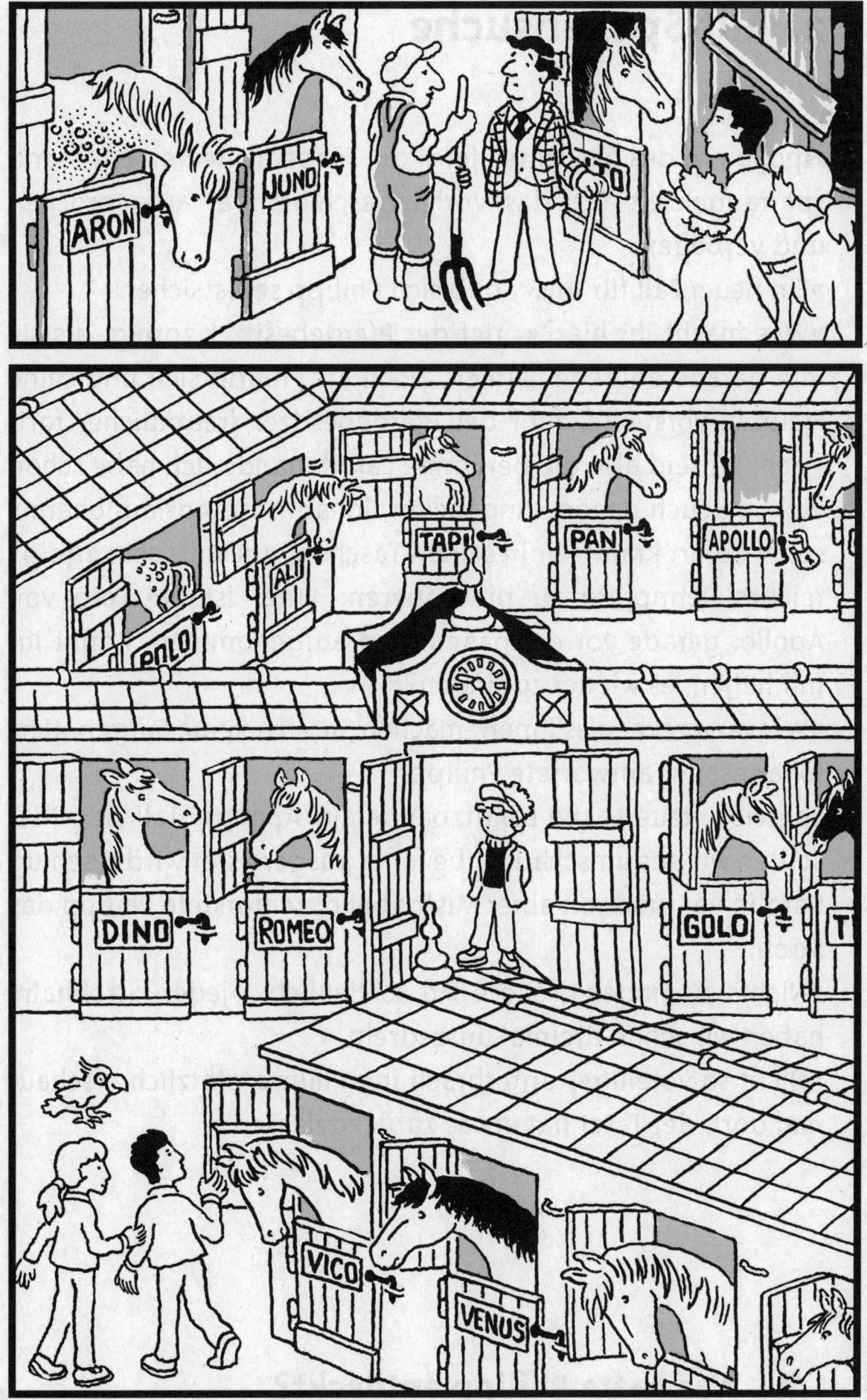

2. Auf Spurensuche

Apollo war das gesuchte Pferd, die Tür seiner leeren Box stand sperrangelweit auf, das Vorhängeschloss war aufgebrochen und verbogen.

»Ein neuer Fall für uns«, gab sich Philipp selbstsicher.

»Was macht ihr hier?«, rief der Pferdebesitzer zornig, als sie ihm gerade entgegenkamen. Doch als Philipp sich und seine Freunde vorstellte, fuhr der Pferdebesitzer freundlicher fort: »Ach, ihr seid also die berühmte Lakritzbande. Ich habe schon viel von euch gehört. Angenehm, Johannson, Adrian Johannson.« Sofort kramte er in seinen Taschen, um stolz sein erfolgreiches Rennpferd zu präsentieren. »Hier ist ein Foto von Apollo, gerade vor ein paar Tagen aufgenommen. Könnt ihr mir helfen, es wieder zu finden?«

»Wir versprechen es Ihnen, machen Sie sich keine Sorgen, Herr Johannson«, antwortete Philipp.

Sogleich steuerte die Lakritzbande auf Apollos Stall zu. »Hier sollten wir uns umschauen, bevor er ausgemistet wird«, schlug Carolin vor, und mit einer Mistgabel durchforstete Philipp das Stroh.

»Nichts zu finden«, sagte Flo schließlich, »jeden Strohhalm haben wir schon dreimal umgedreht.«

»Nicht so voreilig«, unterbrach ihn Philipp plötzlich, »schaut mal dort, der Täter hat etwas zurückgelassen.«

  **Was hatte Philipp entdeckt?**

3. Per Fahrrad unterwegs

Eindeutig Betäubungsmittel«, bestätigte der herbeigerufene Tierarzt, als er die leere Spritze untersuchte, die Philipp im Futtertrog entdeckt hatte.

»Also konnte Apollo ohne großes Aufsehen in aller Stille entführt werden«, folgerte Carolin. Die alarmierten Polizisten nahmen die weitere Spurensuche auf, während die Lakritzbande die Rennställe verließ.

»Fahren wir rechts oder links?«, fragte Philipp, als er plötzlich eine Reifenspur auf der frisch asphaltierten Straße bemerkte. »Wer hier durch die Baustelle gebrettert ist, der muss es eilig gehabt haben. Ich möchte wetten, dass es der Pferdetransporter war, in dem Apollo entführt worden ist. Vermutlich hat der gesuchte Wagen frische Teerspuren an den Reifen«, fuhr Philipp fort, »am besten fahren wir gleich bei ›Kroll und Söhne‹ vorbei.«

Etwa zwanzig Minuten später erreichten die Detektive den Transportverleih. Unmengen alter, zerbeulter Autos türmten sich vor ihnen auf.

»Lauter Schrottwagen«, bemerkte Carolin, »aber kein einziger Pferdeanhänger.«

»Doch, einer«, entgegnete Flo, der als Einziger noch am Eingangstor stand.

? **Wo entdeckte Flo das betreffende Fahrzeug?**

4. In der Gärtnerstraße

Flo hatte einen Pferdeanhänger rechts hinter dem Berg alter Autoreifen entdeckt. Doch es stellte sich heraus, dass am Pferdetransporter keine Teerspuren zu finden waren und somit der Wagen auch nicht als Tatfahrzeug infrage kam.

Die Lakritzbande gab nicht auf und forschte unermüdlich weiter, bis eine zufällige Beobachtung ihnen ein paar Tage später zu Hilfe kam, als sie nach der Schule wieder einmal mit ihren Rädern unterwegs waren.

Auf ihrer Heimfahrt machten sie einen kleinen Umweg, dieses Mal zu dem am Stadtrand gelegenen Häuserviertel.

»Apollo ist bestimmt nicht hier!«, rief Carolin ihren Freunden zu, als sie in die Gärtnerstraße einbogen.

»Das nicht«, antwortete Philipp plötzlich, »aber es gibt hier in der Straße auf alle Fälle jemanden, der auf dem Rücken der Pferde zu Hause ist!«

? **Worauf spielte Philipp an?**

5. Totenstille im Haus Nr. 9

Philipp hatte einen Pferdesattel am Seiteneingang der Villa Nr. 9 entdeckt und so schlich sich die Lakritzbande in den verwilderten Garten. Unbeobachtet lief sie entlang des verwahrlosten Hauses. Keine Menschenseele war weit und breit zu sehen. Coco beobachtete von der Veranda aus die Lage.

»Das Haus scheint unbewohnt zu sein«, flüsterte Philipp seinen Freunden zu und wies zum Hauseingang. Sie stiegen die drei Treppenstufen zum Eingang hinauf, Philipp suchte vergebens nach einem Namensschild. Er drückte auf den Klingelknopf, ein helles Schellen war im Treppenflur zu vernehmen. Eine Weile wartete die Lakritzbande, doch niemand öffnete.

»Sieht ganz so aus, als wenn hier tatsächlich schon lange kein Mensch mehr das Haus betreten hat«, bemerkte Flo und betrachtete stirnrunzelnd den umherliegenden Müll vor der Haustür.

Doch Carolin war mit ihren Gedanken bereits ganz woanders. Sie überlegte scharf und nach einem kurzen Augenblick widersprach sie Flo vehement. Für sie war klar, dass vor Kurzem noch jemand im Haus gewesen sein musste.

? **Was bewies, dass das Haus bewohnt war?**

6. Überstürzte Flucht

Carolin hatte recht. Die frisch aufgezogene Pendeluhr war es, die ihr verraten hatte, dass vor Kurzem noch eine Person im Hause gewesen war. Durch ein offen stehendes Fenster stiegen Philipp und Caro nur wenige Sekunden später ein und schlichen hinauf zum ersten Stock.

Sie durchstöberten Schränke und Schubladen. »Donnerwetter«, sagte Caro plötzlich und hielt Philipp einen vergilbten Zeitungsartikel mit Foto entgegen. »Jockey Kieselstein des Dopings überführt... dreimal darfst du raten, wer ihn seines ehrenvollen Berufes enthoben hat!«

»Johannson natürlich«, antwortete Philipp wie aus der Pistole geschossen. »Dieser Kieselstein hätte somit ein klares Tatmotiv, sich an Johannson zu rächen.«

»Psst«, stupste Philipp Caro an, »hast du das gehört?« Vom Erdgeschoss waren deutlich Schritte zu vernehmen.

»Verdammt«, flüsterte Philipp, »wir haben Besuch bekommen.« Auf ihrem Rückzug hörten sie, wie ein Mann, der im Salon stand, telefonierte.

»Krrrk, krrrk«, mit lautem Krächzen unterbrach Coco jäh das Telefongespräch.

»Nix wie weg hier!« Philipp und Caro stürzten auf die Straße.

»Warum hast du uns nicht gewarnt?«, rief Caro vorwurfsvoll Flo zu.

»Die Haustür und das offene Fenster hatte ich im Visier, er muss einen anderen Eingang genommen haben«, erwiderte Flo.

»Stimmt«, bestätigte Philipp.

  **Wo war der dritte Eingang?**

7. Auf falscher Fährte

Im Garten war Philipp die offene Luke des Weinkellers aufgefallen, die eine direkte Verbindung zum Haus haben musste.

»Fassen wir zusammen«, folgerte Philipp auf dem Heimweg, »Kieselstein hat am Telefon einen Alfred Konopatzki verlangt!«

»Stimmt«, warf Caro ein, »und übermorgen soll um zehn Uhr die Geldübergabe stattfinden. Aber was meinte Kieselstein bloß damit, als er von einer verdienten Belohnung für erfolgreiche Arbeit sprach?«

»Genau das müssen wir herausfinden!«, rief Philipp.

Am nächsten Nachmittag traf sich die Lakritzbande im Taubenatelier. »Kieselstein und Konopatzki stecken vermutlich unter einer Decke, sie haben Apollo entführt!« Philipp runzelte die Stirn.

»Zunächst müssen wir herausfinden, wer dieser Alfred Konopatzki ist«, fiebrig wälzte Caro dabei das Telefonbuch. Ganze neun Konopatzkis gab es im Umkreis, aber nur drei, deren Vornamen mit »A« begannen. Caro wählte die erste Nummer.

»Tut mir leid, Alois ist nicht zu Hause!«, tönte eine schrille Frauenstimme am Ende der Leitung. Somit kamen nur noch zwei Personen infrage. Telefonisch waren sie jedoch nicht erreichbar, also suchten die Detektive die erste Adresse, den Vogelstieg Nr. 5, auf.

»Hier muss er wohnen«, sagte Philipp.

»Aber nicht unser Alfred«, unterbrach Flo.

  **Welchen Hinweis entdeckte Flo?**

8. Beobachtung im Dämmerlicht

Es war das kleine Namensschild am Fenster neben der Eingangstür, auf dem »Anton Konopa...« zu lesen war. Um jedoch Alfred Konopatzki zu finden, galt es folglich, nur noch die letzte Adresse auszukundschaften. Am nächsten Tag, direkt nach der Schule, fuhr die Lakritzbande Richtung Talheim.

»Recht einsam hier«, bemerkte Flo, als sie sich am späten Nachmittag einem entlegenen Gehöft näherten.

»Hier muss es sein, Feldweg Nr. 78«, sagte Carolin, als sich die Lakritzbande auf dem Hof umsah.

»Was habt ihr Lausebengel hier zu suchen? Ihr habt hier nichts verloren, schert euch zum Teufel!«, ertönte plötzlich eine Stimme. Die Lakritzbande erschrak, drehte sich um und sah einen vierschrötigen Mann mit kantigem Gesicht, der hinter der Scheunentür erschien.

»Wir haben uns verfahren«, antwortete Philipp überzeugend, um die Situation zu entschärfen. Zu seinen beiden Freunden gewandt, flüsterte er: »Das muss Alfred Konopatzki sein.«

Erst als er verschwunden war, schlich sich die Detektivbande zum Hof zurück.

»Ob hier Apollo versteckt wird?«, flüsterte Flo.

»Hier gibt es nur Federvieh.« Philipp schüttelte den Kopf und zeigte auf die Hühner, die gackernd herumliefen.

»Du irrst«, antwortete Caro.

  **Was hatte Carolin beobachtet?**

9. Treffpunkt Marktplatz

Es waren die Hufspuren eines Pferdes, die Carolin auf dem Erdboden entdeckt hatte. Die Lakritzbande ließ jetzt nicht locker und untersuchte die Stallgebäude. Tatsächlich entdeckten sie im Dunkeln einen Pferdeanhänger.

»Das Zeug geht gar nicht mehr ab«, ärgerte sich Flo und schüttelte seine Hände, nachdem er die Reifen des Fahrzeugs auf Teerspuren hin untersucht hatte. Es lag klar auf der Hand, mit diesem Fahrzeug musste Apollo entführt worden sein.

Die Lakritzbande verschanzte sich am nächsten Morgen hinter einem Hügel. Sie musste den Treffpunkt für die geplante Geldübergabe herausfinden.

»Da ist er«, rief Caro leise. Ihr Blick folgte Konopatzki, der hinter dem Steuer des Kleinlasters verschwand. Jetzt war es an der Reihe von Coco, sich nützlich zu machen. Mit einem Minisender ausgestattet, flog der Kakadu dem davonbrausenden Auto hinterher und landete sicher hinten im Laderaum.

»So ist das Auto jederzeit zu orten«, strahlte Philipp, während der Wagen auf der Landstraße davonsauste und erst eine halbe Stunde später nahe dem Marktplatz anhielt. Mit Lars und Leo fand sich die gesamte Lakritzbande ein, doch von Konopatzki keine Spur.

»Verflixt, er ist uns durch die Lappen gegangen«, fluchte Flo.

»Ich weiß, wo die Geldübergabe stattfindet«, beschwichtigte ihn Philipp.

  **Wo entdeckte Philipp die Geldübergabe?**

10. Getarnte List

Rechts am Eingang des Cafés »Zum weißen Schwan« standen die beiden Ganoven mit den Geldscheinen in der Hand. Vom Kiosk aus konnten die Detektive sie beobachten, bis Coco für einen unvorhergesehenen Zwischenfall sorgte, als er laut krächzend über den Marktplatz flog und so die Aufmerksamkeit der Cafébesucher auf sich lenkte.

»Mensch, diesen verdammten Körnerfresser kenn ich, ist diese neugierige Bande uns womöglich auf der Spur?« Kieselstein gab seinem Gegenüber zu verstehen, rasch das Weite zu suchen. Die Lakritzbande lief den Flüchtenden hinterher. Kieselstein aber konnte in der Menschenmenge untertauchen.

»Folgen wir Konopatzki, den anderen holen wir uns später!«, rief Lars. Mit sicherem Abstand folgten sie Konopatzki, der mit seinem Laster nach längerer Fahrt einen holprigen Sandweg einschlug und vor einer verlassenen Remise zum Halten kam. Zu Fuß schlich sich die Bande die letzten Meter heran. Konopatzki aber schien wie vom Erdboden verschluckt.

Beim Blick in die Scheune wieherte der Lakritzbande ein Pferd entgegen.

»Soll das etwa Apollo sein?«, runzelte Philipp die Stirn.

Caro schüttelte den Kopf. »Das gesuchte Pferd ist doch ein lupenreiner Schimmel, ohne die vielen lustigen schwarzen Punkte im Fell.«

»Wenn die mal echt sind«, reagierte Flo blitzartig.

  **Worauf spielte er an?**

11. Von Angesicht zu Angesicht

Tatsächlich, gerade frisch angemalt«, entfuhr es Flo, der sich die klebrigen Hände abrieb. Es war der Eimer mit der schwarzen Farbe, der ihn davon überzeugte, dass Apollo angemalt worden war.

»Geschickt getarnt, Konopatzki hatte Lunte gerochen und wollte mit diesem Trick das Pferd unbemerkt durch die Straßenkontrollen schaffen«, war Carolin überzeugt.

»Sieh an, sieh an, wen haben wir denn hier«, ertönte plötzlich eine Stimme von oben. Es war Konopatzki, der die Detektive die ganze Zeit vom Heuboden aus beobachtet hatte. »Hände hoch, jetzt reicht's mir mit eurer Schnüffelei!«

Mit einem Gewehr in der Hand balancierte er die Leiter herunter. Doch Leo nutzte die Gelegenheit und warf sich mit voller Kraft gegen die Leiter. Das Gewehr fiel zu Boden und Konopatzki stürzte mit einem Aufschrei in einen Strohhaufen. Lars zog blitzschnell seine Waffe und hielt den Banditen in Schach. »Hiermit sind Sie festgenommen. Sie haben dieses Pferd gestohlen!«, rief er Konopatzki zu.

»Ich weiß von nichts«, entgegnete dieser.

»Sie lügen wie gedruckt, Sie wissen genau Bescheid!«, rief Lars.

| **?** **Welchen Beweis entdeckte Lars?**

12. In der Stille der Nacht

Wohl wissend, dass er sich in Lügen verstrickt hatte, ließ sich Konopatzki widerstandslos dem Untersuchungsrichter vorführen. Es war die Tageszeitung neben Konopatzkis Handschuh, die seine Unschuld widerlegte. Kieselstein allerdings war nicht mehr in seinem Haus anzutreffen und blieb verschwunden.

»Er scheint den Braten gerochen zu haben«, bemerkte Flo, »jetzt, wo Apollo wieder da ist, steht dem Pferderennen morgen nichts mehr im Wege.«

»Man soll den Tag nicht vor dem Abend loben«, warf Philipp ein, »sicherheitshalber werden wir noch einmal bei Apollo nach dem Rechten sehen.«

»Totenstille, schon halb neun Uhr«, flüsterte Carolin, als sie im Abendlicht auf ihre Armbanduhr sah, »lasst uns fahren, Kieselstein traut sich mit Sicherheit nicht mehr her!«

»Psst«, stupste Flo sie an, »sieh doch, da hinten die Gestalt.« Jemand näherte sich dem Pferdestall, öffnete den Verschlag und verschwand in der Box von Apollo. Mutig trat die Lakritzbande vor. »Geben Sie auf, jetzt haben wir Sie!« Mit der Taschenlampe leuchtete Philipp nun direkt ins Gesicht des Täters. »Sieh an, Herr Kieselstein höchstpersönlich. Jetzt sind Sie überführt. Sabotage nennt man das!«

  **Was hatte Kieselstein gemacht?**

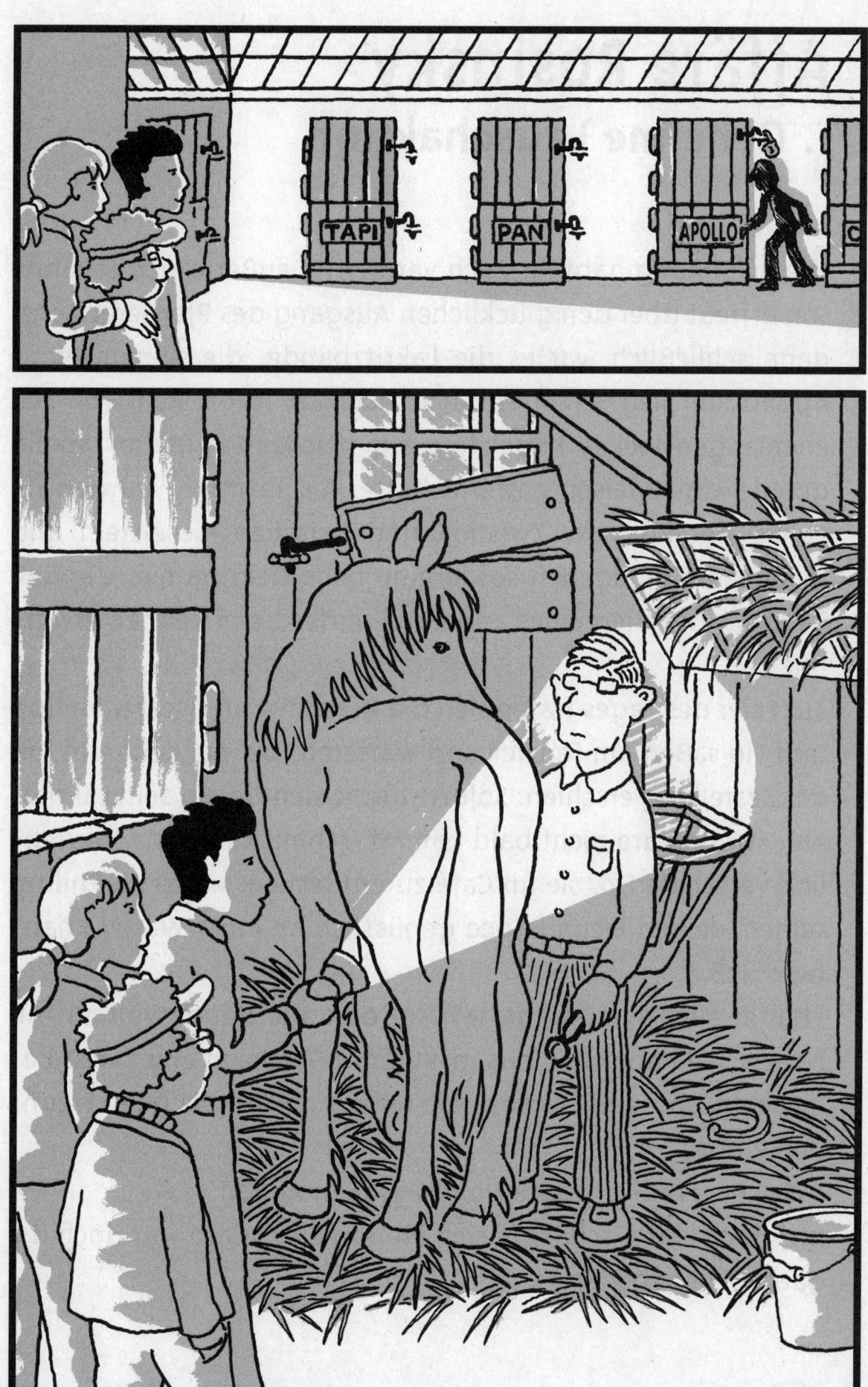

Affäre Rosinsky
I. Geheime Lauschaktion

Die Belohnung habt ihr euch verdient«, äußerte sich Johann-son erfreut über den glücklichen Ausgang des Pferderennens, denn schließlich war es die Lakritzbande, die seinem Pferd Apollo zum Sieg verholfen hatte. Noch am Tatort stellte sie den ehemaligen Jockey Kieselstein auf frischer Tat, als er Apollo gerade ein Hufeisen entfernt hatte. Als Tatmotiv wurden im Polizeiprotokoll alte Zwistigkeiten zwischen Kieselstein und Johannson angegeben sowie eine hohe Geldprämie, die den Täter für den Sieg eines anderen Pferdes beim Rennen erwar-tete.

Zur Feier des Tages trafen sich die Detektive im Eiscafé. Philipp und Flo saßen am Fenster und warteten, bis die Kellnerin mit der Bestellung erschien. Sofort stürzte sich Flo auf sein Lakritz-eis. »Wenn Caro nicht bald kommt, schmilzt ihr Eis!« Vergeb-lich versuchte Flo, sie im Café zu entdecken, während Philipp seinen kleinen Freund Coco genüsslich an einer Waffel knab-bern ließ.

»Haltet euch fest, Jungs, wir werden alle Hände voll zu tun haben. Ich habe eben das mysteriöse Gespräch einer Frau be-lauscht«, sprudelte es aus Caro heraus, als sie bei ihren Freun-den eintraf.

»Welcher Frau?«, fragte Flo mit großen Augen.

»Ist doch klar«, schaltete sich Philipp ein, »Caro war doch die ganze Zeit neben ihr!«

  **Um welche Person handelte es sich?**

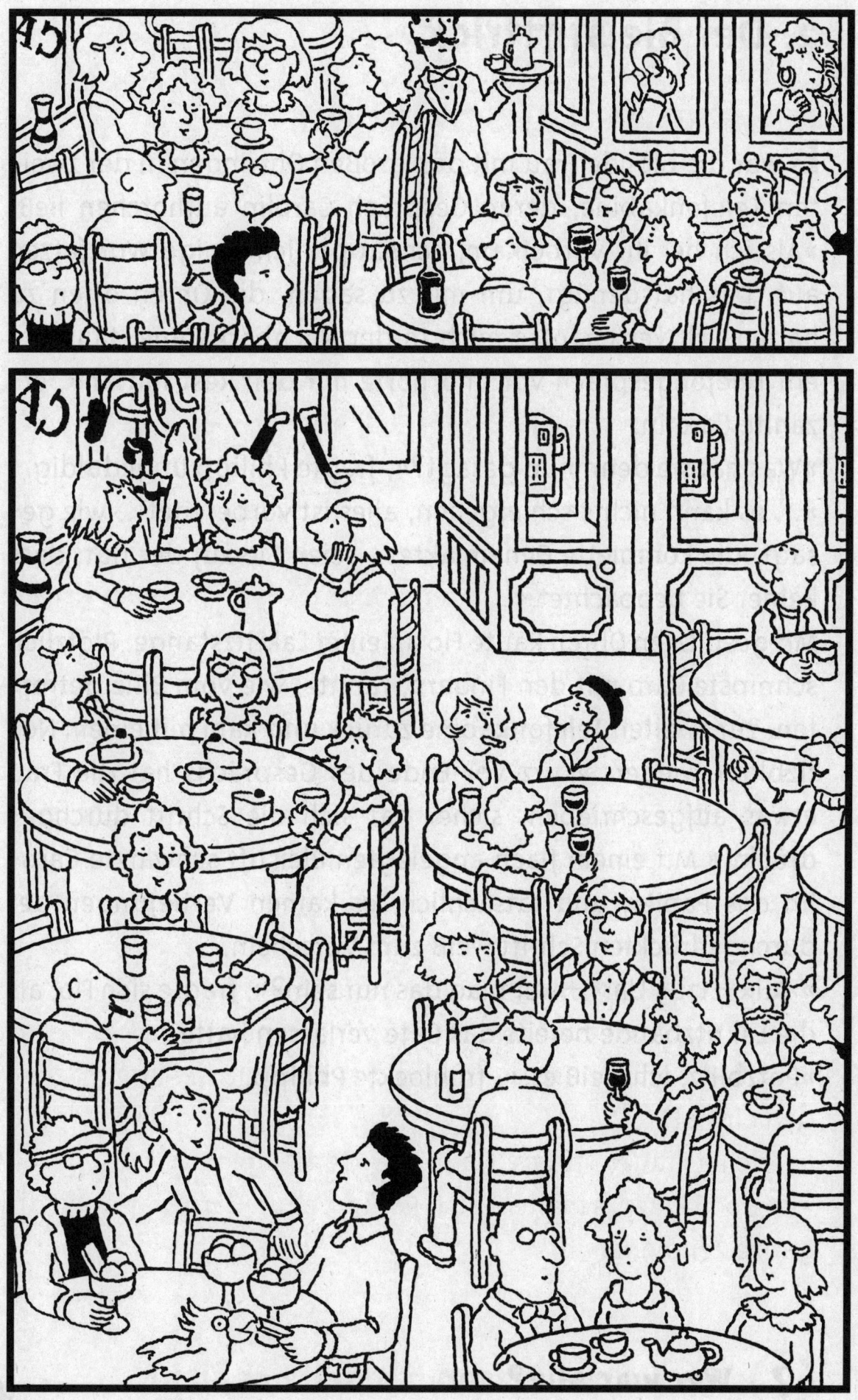

2. Der Bleistifttrick

Es war die blonde Frau mit den großen Ohrringen in der zweiten Telefonkabine, deren Gespräch Carolin aufhorchen ließ. »Als ich bei ihr vorbeikam, schnappte ich einige Wortfetzen auf. Das hat genügt, um mir zu sagen, die Ohren offen zu halten. Ich verschanzte mich in der Nachbarkabine, täuschte ein Telefongespräch vor und hörte mir den Rest mit an«, erzählte Carolin.

»Was hat sie denn nun gesagt?«, fragte Philipp ungeduldig.

»... es kann nichts schiefgehen, alles ist vorbereitet... wie gesagt, die komplette Geheimakte... seien Sie auf der Hut, dass keiner Sie beobachtet.«

Mit gespitzten Ohren kaute Flo an einer Lakritzstange. Plötzlich schnipste Caro mit den Fingern, rannte, wie vom Blitz getroffen, zur zweiten Telefonkabine zurück und kam mit einem Notizblock wieder. »Kurz vor Ende des Gesprächs hat die Frau etwas aufgeschrieben, sicher hat sich die Schrift durchgedrückt.« Mit einem flach angelegten Bleistift schwärzte Carolin das Papier, und tatsächlich, es kamen Vertiefungen der durchgedrückten Schrift weiß zum Vorschein.

»›Alix – 17.15 Uhr‹ – wer mag das nur sein?«, fragte sich Flo, als die Lakritzbande bereits das Café verlassen hatte.

»Potzblitz, ich weiß es!«, frohlockte Philipp.

  **Wer war Alix?**

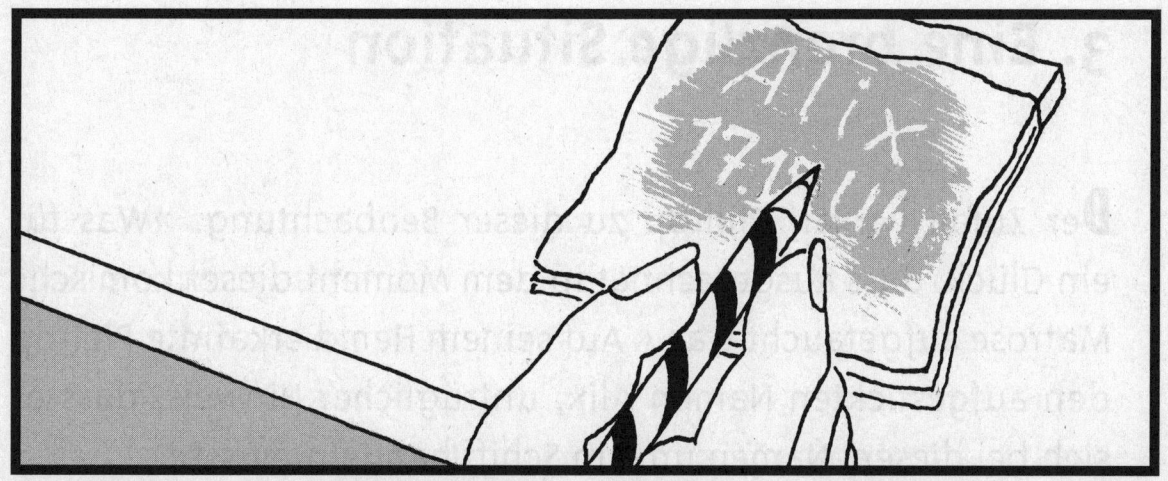

3. Eine brenzlige Situation

Der Zufall verhalf Philipp zu dieser Beobachtung. »Was für ein Glück, dass ausgerechnet in dem Moment dieser komische Matrose aufgetaucht war.« Auf seinem Hemd erkannte Philipp den aufgestickten Namen Alix, untrüglicher Hinweis, dass es sich bei diesem Namen um ein Schiff handeln musste.

Ohne zu zögern, fand sich die Lakritzbande am Hafen ein. Am Nordkai entdeckte sie den großen Bug des gesuchten Schiffes.

Kurz vor fünf Uhr schlich sie sich die Bordtreppe zur Reling hinauf.

»Keine Menschenseele«, flüsterte Carolin, als sie sich im Schatten der Bordlaternen fortbewegten. Hinten am Heck des Schiffes drang ein schwaches Licht aus einer Kajüte. Die Lakritzbande schlich sich vorsichtig an das Bullauge, als sie plötzlich Schritte vernahmen, die sich ihnen näherten. Es war keine Zeit zu verlieren.

»Los, kommt mit, ich weiß, wo wir uns verstecken!«, flüsterte Philipp seinen Freunden zu.

  **An welches Versteck hatte Philipp gedacht?**

4. Eine geheime Nachricht

In Windeseile sprangen die Detektive unter die Plane des Rettungsbootes und verharrten gespannt, bis die Gefahr gebannt war. Es dauerte sicher zwanzig Minuten, bis sich die Schritte auf dem knarrenden Holzboden entfernten und im Dunkeln verhallten. Vorsichtig kroch die Lakritzbande hervor und näherte sich wieder dem Lichtschein, der aus der Kajüte durch das Bullauge auf die Schiffsplanken fiel. Die Detektive nahmen einen Mann wahr, der konzentriert auf einen Bildschirm starrte.

»Was macht er denn da?«, fragte Flo. »Den Text kann ja kein Mensch lesen.«

»Wir nicht, aber der da drinnen schon«, antwortete Carolin. Der Mann war in der Tat dabei, die Geheimschrift auf dem Bildschirm zu dechiffrieren.

»Los, Beeilung«, Philipp zog einen Zettel hervor und notierte in Windeseile die Reihenfolge der Buchstaben, »das scheint der ganze Text zu sein«, stellte er fest.

Zurück im Taubenatelier, zerbrach sich die Lakritzbande den Kopf darüber, was diese Nachricht wohl bedeutete. »Ein wirrer Buchstabensalat.« Philipp war sich sicher, dass nur bestimmte Buchstaben, richtig aneinander gereiht, des Rätsels Lösung ergaben. Es war kurz vor dem Schlafengehen, als die beharrliche Caro triumphierend ihren Freunden den genauen Wortlaut mitteilen konnte.

  **Wie lautete die Nachricht?**

5. In der Botschaft

Auftrag der Akte X morgen Abend in der Parkallee 9« war der Wortlaut der geheimen Nachricht. Rechtzeitig fand sich die Lakritzbande am folgenden Abend vor der großen verschlossenen Villa ein.

»Ein Botschaftsgebäude«, bemerkte Flo und rüttelte am verschlossenen Eingang. Im dunklen Gestrüpp des Nachbargrundstückes schlich sich Carolin näher und gab ihren Freunden mit einer Handbewegung zu verstehen, ihr zu folgen.

Am Ende des Gartens hatten sie von der Astgabelung einer knorrigen Eiche aus Einblick auf die Hinterfassade der Botschaft. Das düstere Haus lag wie ausgestorben.

»Nichts zu sehen«, flüsterte Caro ihren Freunden zu. Die Lakritzbande wollte zurückgehen, als plötzlich das Licht einer Schreibtischlampe einen kleinen Raum im Erdgeschoss der Botschaft erhellte.

Ein Mann erschien an einem Schreibtisch, vor ihm ein aufgeschlagener Aktenordner. »Das wird die Geheimakte sein«, mutmaßte Philipp. Mit seinem Feldstecher observierte er die Person, die einen Kugelschreiber in den Händen hielt.

»Was macht er nur mit einem Kugelschreiber…?«, fragte sich Flo. »Ich hab's, das ist eben kein gewöhnliches Schreibzeug, es dient zu etwas ganz anderem.«

❓ Wozu diente wohl der Kugelschreiber?

6. Scharfe Beobachtung

Ganz klar, dieser Kugelschreiber ist eine getarnte kleine Fotokamera, die einen Mikrofilm enthält«, konstatierte Flo. »Stimmt, jede einzelne Seite wird jetzt minuziös abgelichtet«, fügte Carolin hinzu, »klare Sache, wir haben es mit einem Spionagefall zu tun!« Auf drei Filmen lichtete der geheimnisvolle Fremde die Geheimakte im Schutz der Dämmerung ab. Die Lakritzbande stieg weiter in das Geäst des Baumes hinauf, um einen besseren Einblick in das Arbeitszimmer zu bekommen. Doch plötzlich ging das Licht aus. Für Sekunden herrschte völlige Dunkelheit in dem Büro. Aber nach einem kurzen Moment erschien der mutmaßliche Spion wieder im Blickfeld.

»Wo hat er denn jetzt nur die Mikrofilme versteckt?«, fragte sich Caro. Aber im Grunde war sie fest überzeugt, das Versteck erkannt zu haben. »Für mich kommt nur eine Möglichkeit infrage.«

  **Wo waren die Mikrofilme versteckt?**

7. Ein zerknülltes Stück Papier

Caro vermutete die Mikrofilme in der Weinflasche. Erkennbar am angerissenen Etikett, stand die leere Flasche später wieder gefüllt und verkorkt auf dem Schreibtisch. Die Vermutung schien sich zu bestätigen, als der Unbekannte mit der verpackten Weinflasche die Botschaft verließ und bereits kurz vor neunzehn Uhr die Straße bis zu einer Telefonzelle hinablief.

»Er führt außerhalb der Botschaft ein Telefonat, vermutlich werden die Leitungen in der Botschaft abgehört!«, meinte Flo. Zwanzig Sekunden später verließ der Mann bereits die Telefonzelle, warf ein zusammengeknülltes Papier auf den Fußweg, ging einige Schritte und stellte sich an den Bordstein, um auf ein Taxi zu warten.

Unauffällig lief Caro an den Rinnstein, um das zerknüllte Papier aufzulesen.

»Scheint eine Telefonnummer zu sein«, folgerte Flo, als Caro das Papier an einer Hauswand glättete. »96 089 68«, las Flo laut und zauberte sofort ein paar Münzen hervor, um am Telefon die Nummer zu wählen. Philipp und Caro warteten draußen.

»Na, wer war an der Leitung?«, fragte Caro gespannt.

Doch Flo schüttelte den Kopf. »Kein Anschluss unter dieser Nummer.«

Philipp studierte den Zettel noch einmal. »Na, diese Zahlen haben es in sich. Ich glaube, ich weiß, wie die richtige Telefonnummer lautet!«, triumphierte er.

  **Wie lautete die richtige Telefonnummer?**

8. An der Theaterkasse

Philipp hatte gut kombiniert, alle Ziffern auf diesem Papierfetzen waren auch über Kopf lesbar, so lautete die richtige Telefonnummer 89 680 96. Flo probierte es erneut, und dieses Mal meldete sich tatsächlich am anderen Ende der Leitung eine freundliche Frauenstimme: »Theaterkasse der Staatsoper, guten Abend.«

»Das ist es also«, freudestrahlend hängte Flo den Hörer wieder ein. Genau in diesem Augenblick sah die Lakritzbande, wie der vermutliche Spion in ein Taxi stieg und davonbrauste, auf seinem Schoß die verpackte Weinflasche mit den Mikrofilmen.

Ohne Zweifel, der Mann steuerte die Staatsoper an. Bereits kurze Zeit später stand auch die Lakritzbande im Foyer der Oper. Den Mann sichtete sie allerdings nicht.

»Hat er uns vielleicht auf eine falsche Fährte geführt?«, fragte sich Philipp, lief unruhig den Eingang ab und musterte die an der Theaterkasse anstehenden Menschen. »Wir sind einfach zu spät gekommen, wir haben die Spur verloren.«

Doch Flo grinste siegessicher. »Eines ist klar, unser Mann ist schon hier gewesen.«

? **Was hatte Flo beobachtet?**

9. Ein Hinweis schwarz auf weiß

Flo hatte die in dem gepunkteten Papier eingewickelte Flasche wieder entdeckt, die der Mann an der Kasse hinterlegt hatte. »Für V. G.«, las Flo beim näheren Betrachten des Umschlags, der dem Präsent angeheftet war, »jetzt heißt es abwarten und Tee trinken.«

Carolin drehte an ihren Haarlocken und sah ungeduldig auf ihre Uhr. Die Flasche blieb jedoch verwaist zurück.

»Nun stehen wir uns schon eine halbe Stunde die Beine in den Bauch und nichts passiert. Wir müssen unbedingt herauskriegen, wer die Initialen ›V. G.‹ trägt«, sagte Carolin und blickte auf das große Veranstaltungsplakat. »Schaut, heute ist die letzte Gastvorstellung des Orchesters.«

Es war Flo, der als Erster vermutete, wie der vollständige Name der Person lautete, der das vermeintliche Geschenk an der Kasse zugedacht war: »Ich weiß sogar, was sie hier macht!«

  **Welchen Beruf hatte die gesuchte Person?**

10. Das Gastspiel

Es war der Hinweis auf dem Plakat, der Flo verriet, dass die gesuchte Person Vera Glazek hieß und als Violinistin im Orchester beschäftigt war. Die Lakritzbande zögerte nicht, sich für die Abendvorstellung Karten zu besorgen, und pünktlich um zwanzig Uhr saßen die Detektive in der zweiten Loge links der Bühne mit Blick auf den Orchestergraben. Das Orchester hatte bereits Platz genommen, einzelne Instrumente wurden eingestimmt.

Das Stimmengewirr der Zuschauer verebbte langsam. Als der Dirigent den Taktstock hob, verstummten die Geräusche und es wurde mucksmäuschenstill. Der Taktstock zuckte und die Ouvertüre begann.

»Pech gehabt, unsere Geigerin ist heute Abend nicht mit von der Partie«, flüsterte Philipp seinen Freunden zu.

Doch Carolin beobachtete schon seit geraumer Zeit die gesuchte Geigerin. »Ihr werdet staunen, Jungs, wir kennen die Frau bereits aus der Telefonzelle im Eiscafé, sie war es, mit der die ganze Geschichte angefangen hat.« Mit ihrem Zeigefinger deutete Carolin auf die gesuchte Person.

? Wo war die gesuchte Frau?

11. Der große Auftritt

Die gesuchte Frau saß rechts oben im Orchestergraben. Der Schlussakt des Gastspiels »Der schwarze Fürst« lief aber ohne die Lakritzbande ab, ihr großer Auftritt sollte dafür am nächsten Tag in der Botschaft stattfinden.

Im Moment waren die Detektive zu gespannt, endlich die Mikrofilme zu finden. Da die Flasche mit dem Briefumschlag nicht mehr an der Theaterkasse war, vermuteten die Detektive sie hinter der Bühne. Tatsächlich wurden sie im Fach eines Schminktisches fündig. Die Flasche war verkorkt, daneben lag der Brief. Philipp öffnete sie, stülpte sie um und dunkler Sand rieselte auf ein ausgelegtes Papier, bis die drei Mikrofilme zum Vorschein kamen. Caro stand Schmiere. Philipp verstaute die Filme in seiner Tasche, schüttete den Sand zurück in die Flasche und steckte das Schreiben in den Flaschenhals. Dann verkorkte er sie und stellte sie an ihren Platz zurück. Mit dem Geheimmaterial verließen die drei die Oper.

Am nächsten Tag suchten sie den Botschafter auf, um ihn über den Spionagefall aufzuklären. Er hörte sich die unglaubliche Geschichte an. Nur sein Mitarbeiter Rosinsky konnte als Täter infrage kommen. Doch der wies alle Vorwürfe von sich, aber der als Kamera umfunktionierte Kugelschreiber konnte ihn überführen. Caro war es, die den Stift mit dem auffälligen Sternenemblem entdeckte.

  **Wo war der Kugelschreiber?**

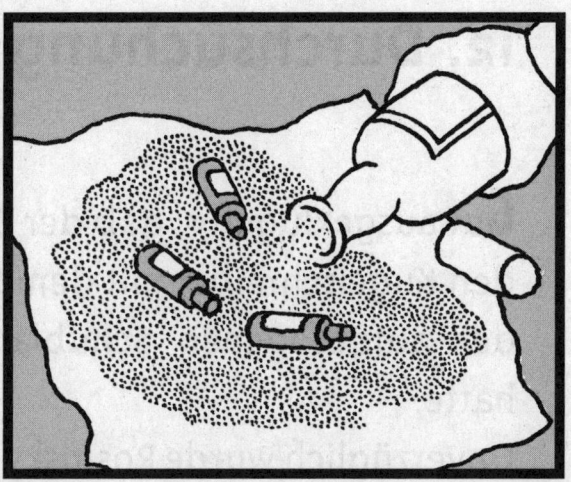

12. Durchsuchung an der Grenze

Gut ausgeklügelt«, gab der Botschafter zu, als er aufmerksam den Kugelschreiber mit dem Stern untersuchte, den Carolin in der aufgezogenen Schublade des Schreibtisches entdeckt hatte.

Unverzüglich wurde Rosinsky abgeführt, denn tatsächlich entpuppte sich das Schreibwerkzeug beim Aufschrauben als eine Minikamera. Der Spionagefall war jedoch noch nicht beendet, denn die weiteren Drahtzieher des Spionageringes mussten entlarvt werden.

Es war nicht schwer herauszubekommen, dass der Bus mit dem Orchester noch am gleichen Tag abfahren sollte. Die Detektivbande war rechtzeitig vor Ort, um an der Zollgrenze die Violonistin Vera Glazek ausfindig zu machen. Doch als der ganze Reisebus durchsucht wurde, stellte sich Vera Glazek unschuldig. Ihr Geigenkasten war angeblich verloren gegangen.

»Reden Sie nicht«, fuhr Philipp sie an, »Sie haben ihn nur versteckt. Er ist ganz in unserer Nähe!«

? **Wo entdeckte Philipp das gesuchte Stück?**

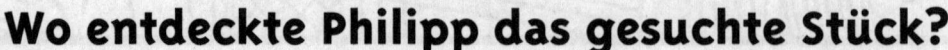

13. Das Fest

Philipp hatte den Geigenkasten hinter der Toilettentür entdeckt. Er wurde geöffnet und die gesuchte Weinflasche kam zum Vorschein. Vera Glazek spielte die Unschuldige. Philipp entkorkte die Flasche und leerte den Sand aus.

»Das ist nicht meine«, behauptete Vera Glazek forsch. »Diese Mikrofilme gehören nicht mir«, rief sie voreilig den Beamten entgegen, eine Behauptung, die sie sofort bereute. Denn jetzt bemerkte Vera Glazek, dass das Geheimmaterial sich nicht mehr in der Flasche befand. Damit hatte sie sich in einen folgenschweren Widerspruch verstrickt.

»Wenn Sie so unschuldig sind, wieso also konnten Sie von der Existenz der Mikrofilme wissen?«, warf Caro ein.

Philipp aber zauberte: Statt der Mikrofilme zog er das Schreiben, das Rosinsky an Vera Glazek gerichtet hatte, aus dem Flaschenhals.

Mit diesen Zeilen war die Violonistin endgültig der Mittäterschaft überführt und des schweren Landesverrats beschuldigt. Der Botschafter bestand darauf, dass die Lakritzbande am gleichen Abend als Ehrengäste dem Fest in der Botschaft beiwohnten. Die fünf Detektive amüsierten sich königlich.

»Wo ist eigentlich Coco?«, fragte Philipp seine Freunde.

»Ist doch klar«, antwortete Carolin, »schaut euch nur um!«

? **Wo steckte Coco?**

14. Letzte Nachrichten

Bereits in den Abendnachrichten wurde diese unglaubliche Spionagegeschichte der Öffentlichkeit mitgeteilt. Für allgemeine Belustigung sorgte der Kakadu Coco, der hartnäckig das Büfett verteidigte und ausdauernd an einer Kirschtorte knabberte.

Nachdem der Botschaftsangehörige Rosinsky und die bekannte Violinistin Vera Glazek dank der berühmten Lakritzbande des Landesverrats überführt worden waren, konnte bereits am folgenden Tag eine weitere verdächtige Person gestellt werden. Es handelte sich um den ersten Steuermann des Schiffes »Alix«, der als Computerexperte kodierte Informationen als Mittelsmann weitergegeben hatte.

Ein Vogel mit sieben Buchstaben, beginnt mit einem »K« und endet mit »Z«, grübelte Caro laut, während sie über ihrem Kreuzworträtsel saß und auf dem Gästilttsomkaus.

»Kakadu«, antwortete Philipp, wie aus der Pistole geschossen und schaute dabei seinen Freund Coce verschmitzt an. Denn auch er hatte schließlich eine Federhaube.

An ihrem Feldspapacht mit lag auf die Lakritzbänder gemeinsam umfasste an der Ecke. Die sociha wieshaus und das Wochenende stand bevor. Nur Flo saß angespannt vlethiedlig abem, aber er schien sehr unkonzentriert.

»Schäfst du?« fragte Flo. »Ich weiß, Flo«, sagte ihm an.

»Passte Flo erst Flo und noch einmal. Zeige ingen hinter uns im Nebenraum wird etwas ausgeheckt.«

Auch Philipp, Flo und Caro lauschten jetzt der etwas mysteriösen Unterredung. Es sah ganz so aus, als könnte sich da ein neuer Kriminalfall anbahnen.

»Nichts zu erkennen«, brummte Philipp, nachdem er versucht hatte, durch die Milchglasscheibe zu schauen. Er wollte die Tür zum hinteren Raum einen Spalt öffnen, sie war jedoch verschlossen.

»Ich habe eine Idee. Wie wir die Personen erkennen können«, sagte Flo, kramte in seiner Jackentasche und brachte verschiedene Kleinigkeiten zum Vorschein.

2. Welchen Gegenstand meinte Flo?

Operation Goldenes Zepter
1. Eine rätselhafte Unterredung

Ein Vogel mit sieben Buchstaben, beginnt mit einem ›K‹ und endet mit ›Z‹«, grübelte Caro laut, während sie über ihrem Kreuzworträtsel saß und auf dem Bleistift herumkaute.

»Kiebitz«, antwortete Philipp, wie aus der Pistole geschossen, und schaute dabei seinen Freund Coco verschmitzt an. Denn auch er hatte schließlich eine Federhaube.

An diesem Freitagnachmittag saß die Lakritzbande gemeinsam im Eiscafé an der Ecke. Die Schule war aus und das Wochenende stand bevor. Nur Flo saß an seinen Matheaufgaben, aber er schien sehr unkonzentriert.

»Schläfst du?«, fragte Philipp und stupste ihn an.

»Psst«, flüsterte Flo und hob seinen Zeigefinger, »hinter uns im Nebenraum wird etwas ausgeheckt.«

Auch Philipp, Flo und Caro lauschten jetzt der etwas mysteriösen Unterredung. Es sah ganz so aus, als könnte sich da ein neuer Kriminalfall anbahnen.

»Nichts zu erkennen«, bemerkte Philipp, nachdem er versucht hatte, durch die Milchglasscheibe zu schauen. Er wollte die Tür zum hinteren Raum einen Spalt öffnen, sie war jedoch verschlossen.

»Ich habe eine Idee, wie wir die Personen erkennen können«, sagte Flo, kramte in seiner Jackentasche und brachte verschiedene Kleinigkeiten zum Vorschein.

128 |  **Welchen Gegenstand meinte Flo?**

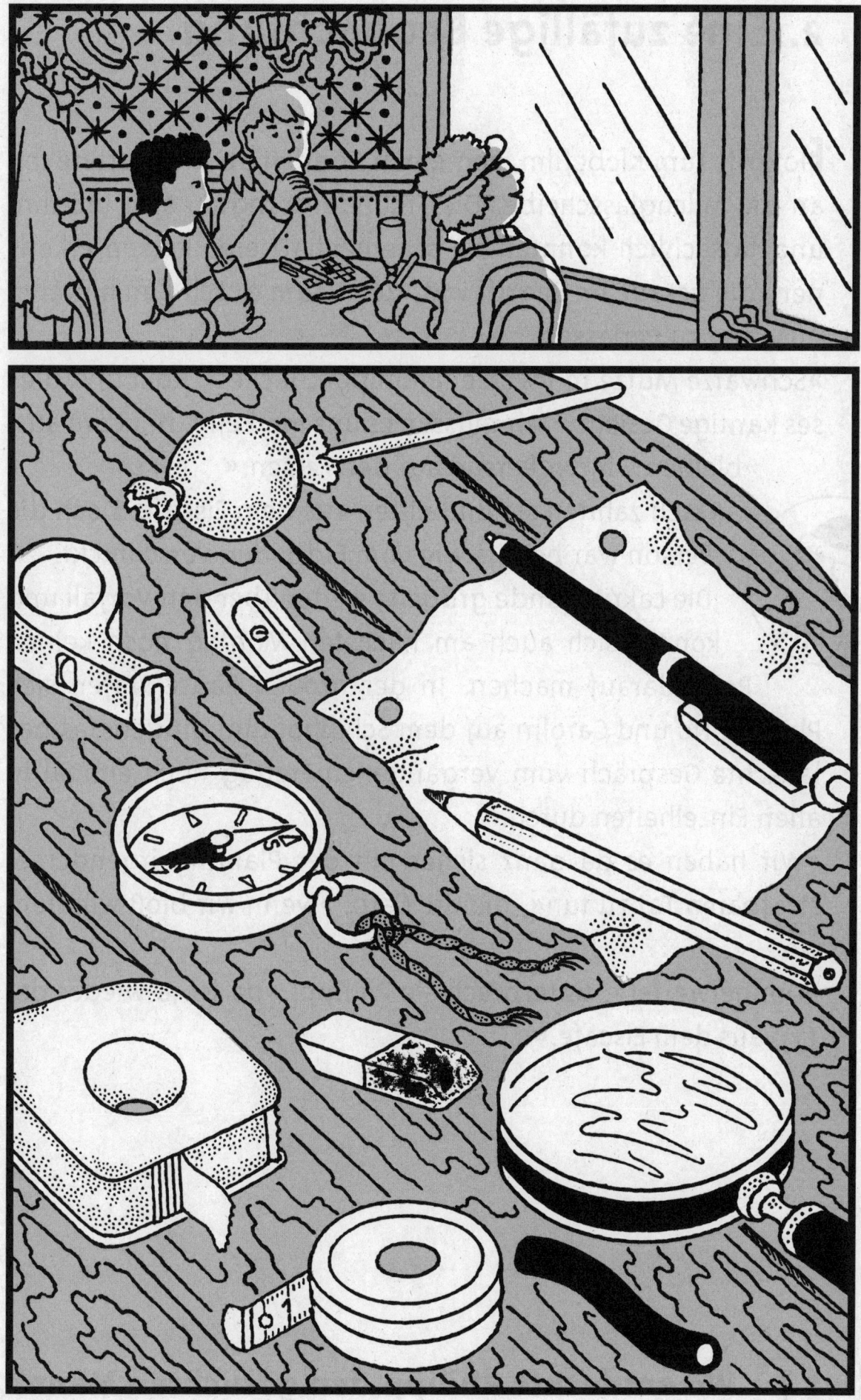

2. Eine zufällige Beobachtung

Flo griff zum Klebefilm, zog einen Streifen ab und heftete ihn an die Milchglasscheibe. Die Freunde drängten sich um ihn, und tatsächlich konnten sie schemenhaft eine Person erkennen, die gerade im Begriff war, den Raum durch den hinteren Ausgang zu verlassen.

»Schwarze Mütze mit weißem Pompon, Jackett, Rolli und dieses kantige Gesicht – wir müssen es uns merken«, rief Caro aus, »bleiben wir der Person auf den Fersen.«

Rasch zahlten sie und eilten aus dem Eiscafé. Doch die Person war bereits wie vom Erdboden verschluckt.

Die Lakritzbande grübelte weiter über den Vorfall und konnte sich auch am nächsten Montag noch keinen Reim darauf machen. In der großen Pause trafen sich Philipp, Flo und Carolin auf dem Schulhof und gingen das belauschte Gespräch vom vergangenen Freitag noch einmal in allen Einzelheiten durch.

»Wir haben es da ganz sicher mit der Planung irgendeiner strafbaren Tat zu tun«, meinte Caro, »wenn wir bloß wüssten, wo...«

»Donnerwetter«, unterbrach sie Philipp, »da ist ja wieder der Typ aus dem Eiscafé.«

? Wo entdeckte Philipp den gesuchten Mann?

3. Schwarz auf weiß

Der gesuchte Mann war gerade auf einem Motorrad in die Einkaufsstraße eingebogen. Auf dem Rücksitz lag die schwarze Mütze mit dem weißen Pompon, an der Philipp ihn wiedererkannt hatte.

Aber die Schulglocke läutete das Pausenende ein und für Philipp, Flo und Carolin bedeutete das noch zwei Stunden Unterricht. Als die Lakritzbande kurz nach ein Uhr den Schulhof verließ und die Hafenstraße bis zur kleinen Treppe entlangging, war natürlich weit und breit nichts mehr von dem mysteriösen Mann zu sehen.

»Lasst uns mal überlegen«, begann Philipp, »wir wissen zwar, wie unsere verdächtige Person aussieht und dass etwas für diese Woche geplant ist, aber noch fehlt uns der Schlüssel zum Ganzen.«

»Während der Unterredung im Café tauchte immer wieder der Name ›Ambrosius‹ auf. Was damit wohl gemeint war?«, warf Florentin ein.

»Vielleicht ist das der Name eines der beiden Ganoven«, mutmaßte Philipp.

»Aber vielleicht hat es auch eine andere Bedeutung? Donnerwetter!« Caro blieb plötzlich die Spucke weg. »Ich hab's. Ich weiß, was gemeint ist. Das wird der Schlüssel zur Lösung sein.«

❓ **Welche wichtige Beobachtung machte Caro?**

4. Langes Warten wird belohnt

Wie Schuppen war es Caro von den Augen gefallen: An der Litfaßsäule klebte ein Plakat, das verkündete, dass heute im Schlossmuseum die Ausstellung »Kostbarkeiten Ambrosius' II.« eröffnet werden sollte.

»Natürlich, darauf hätten wir auch eher kommen können«, bestätigte Philipp und schlug seinen Freunden vor, ab sofort am Museumseingang Schmiere zu stehen.

Im Taubenatelier wurden ihre Freunde Lars und Leo eingeweiht. Philipp fertigte für sie eine Art Phantombild der Person an, die sie am Museum zu beobachten hofften. Abwechselnd hielten die einzelnen Mitglieder der Lakritzbande vor dem Schlossmuseum Wache. Aber es sollte noch bis zum folgenden Freitagnachmittag dauern, ehe Philipp, Flo und Carolin für ihre Ausdauer belohnt wurden.

»Wir stehen uns mittlerweile fast eine Woche die Beine in den Bauch und nichts passiert«, murrte Caro, »und in einer Viertelstunde beginnt die nächste Führung im Museum.«

»Ausharren, Caro! Der große Coup sollte doch in diesen Tagen über die Bühne gehen«, antwortete Philipp, »es sei denn, sie haben ihn noch im letzten Moment verschoben.«

»Keine Panik«, unterbrach Flo seine Freunde, »der Kerl mit der Pomponmütze ist schon auf dem Weg.«

(?) Wo entdeckte Flo die Person wieder?

5. Punkt halb vier Uhr

Flo hatte den Mann mit der Pomponmütze hinter dem Denkmal entdeckt, von wo er langsam, aber zielstrebig auf das Schlossmuseum zusteuerte.

Er marschierte sofort in die Vorhalle und kaufte sich eine Eintrittskarte. Die Lakritzbande reihte sich ebenfalls vor der Kasse ein und musterte die im Foyer wartenden Museumsbesucher. Eine hagere Dame mit Brille und Handy erschien und bat die Besucher, ihr zu folgen. Philipp, Flo und Carolin stiegen die Treppe hinauf in den ersten Stock, wo die Museumsführerin das Wort ergriff.

»Wir beginnen mit der Besichtigung im blauen Salon. Sie sehen hier viele Kostbarkeiten aus dem Mittelalter, zum Beispiel den Taufbecher von König Ambrosius. Ambrosius II. wurde vermutlich um 1426 geboren und verlebte seine ersten Jahre...« Weiter ging es von Raum zu Raum, die verdächtige Person immer dabei.

»Oje, ist das spannend«, gähnte Flo, als die Besuchergruppe nach etwa vierzig Minuten den vorletzten Ausstellungssaal erreicht hatte.

»Verdammt«, entfuhr es Caro, »fällt euch nichts auf? Eine Person ist mittlerweile verschwunden. Sie muss sich in einem der Säle abgesetzt haben.«

? Welche Person vermisste Caro?

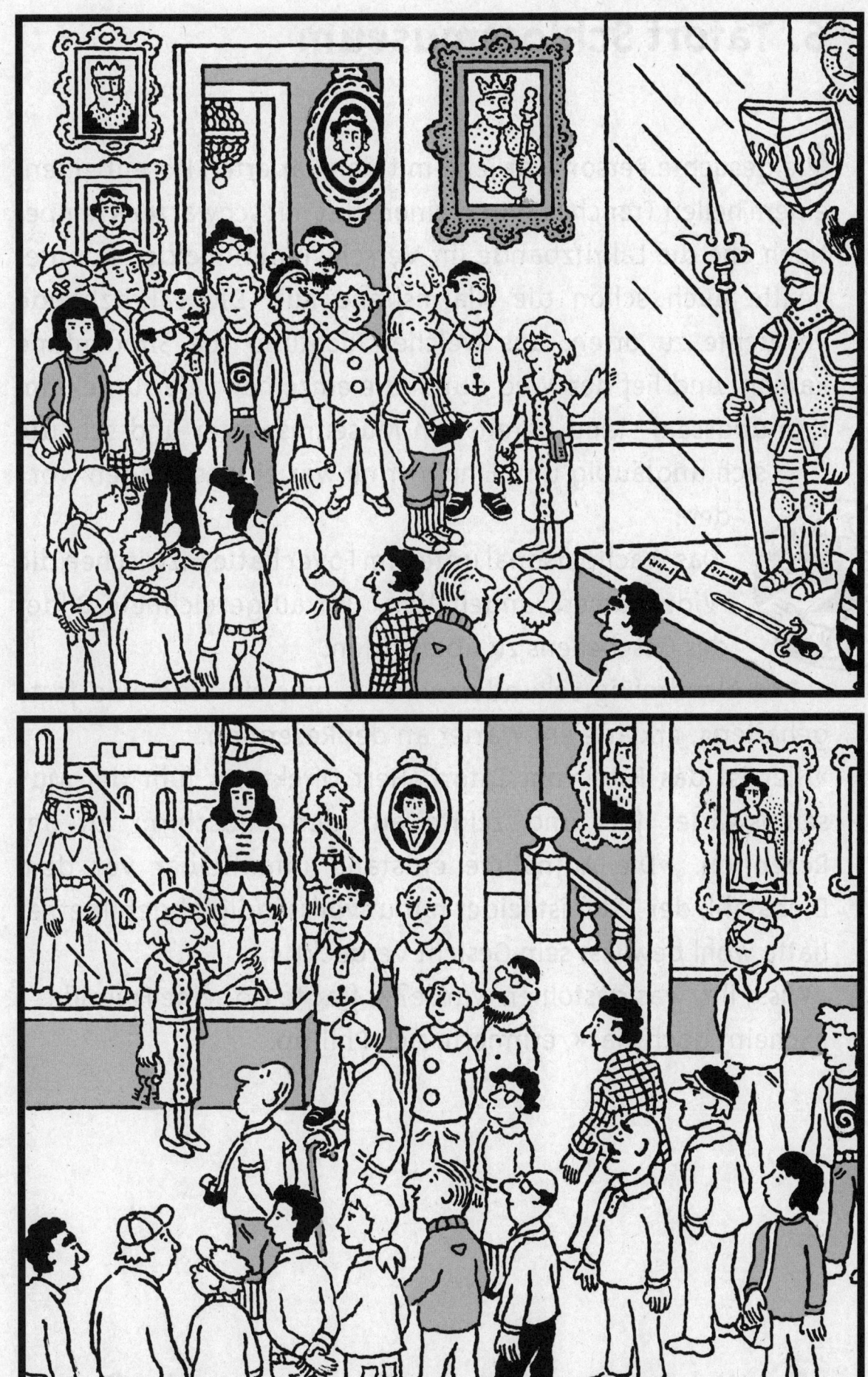

6. Tatort Schlossmuseum

Die gesuchte Person war jene mit den karierten Hosenbeinen, einem hellen Trenchcoat und einem Hut mit schwarzer Krempe. Noch ehe die Lakritzbande ihr Verschwinden melden konnte, heulte auch schon die Alarmsirene auf. Die Lakritzbande versuchte zu orten, aus welcher Richtung die Sirenentöne kamen, und lief den Weg durch die einzelnen Säle zurück. Im Krönungssaal stand bereits ein Museumswärter und schaute sich ungläubig um: Eine Vitrine war eingeschlagen worden.

Das Wachpersonal unten im Foyer hatte inzwischen die Videokamera angehalten, um aufgezeichnete Bilder des Geschehens zu überprüfen.

»Alle dreißig Sekunden wird bei uns ein Videobild festgehalten«, erklärte ein Wärter an der Rezeption.

»Hier ist das Foto vom Tatort, Herr Direktor«, fuhr der Museumswärter fort und zeigte auf den Bildschirm an der Rezeption. »Die Aufnahme entstand unmittelbar vor dem Diebstahl, der Täter ist leider nur unvollständig abgebildet, er hatte wohl bewusst sein Gesicht verdeckt.«

»Wisst ihr, was gestohlen wurde?«, fragte Flo seine Freunde.

»Scheint doch klar«, erinnerte sich Philipp.

  **Welcher Gegenstand wurde gestohlen?**

7. Auf der Flucht

Es war das Zepter von König Ambrosius, auf das es der Täter abgesehen hatte.

»Warum gerade das Zepter?«, fragte sich Caro. Sie vermutete, dass es ein Geheimnis barg. Denn so ein Zepter konnte mit Sicherheit nicht ohne größeres Aufsehen vom Dieb weiterveräußert werden.

Unmittelbar nach Bekanntwerden des Diebstahls waren die Eingänge des Museums abgeriegelt worden und alle Personen wurden kontrolliert. Die Lakritzbande war sich jedoch sicher, dass der Täter das Museum bereits verlassen hatte.

»Verlieren wir keine Zeit!«, mahnte Philipp und wandte sich an den kreidebleichen Museumsdirektor: »Machen Sie sich keine Sorgen, ich glaube, wir werden das Zepter wieder finden.«

»Jetzt heißt es, Augen auf nach dem Täter!«, spornte Caro ihre Freunde an. »Der hat karierte Hosenbeine und einen Hut mit schwarzer Krempe.«

Die Lakritzbande stürmte aus dem Museum, bog in die nächste Seitengasse, und es war Flo, der plötzlich seinen Freunden mit einem Wink zu verstehen gab, ihm zu folgen.

? Was hatte Florentin gesehen?

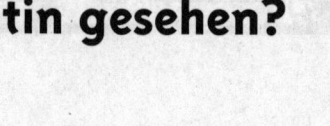

8. Auf der Spur des Täters

Flo hatte den Täter hinter den beiden leeren Öltonnen entdeckt und ihn an seinen Hosenbeinen wiedererkannt. In Windeseile lief die Lakritzbande hinterher. Doch der Vorsprung des Täters war zu groß und sie konnte ihm nicht auf den Fersen bleiben. Er kletterte rasch die efeuumrankte Mauer hoch und hechtete mit einem Satz auf die andere Seite. Philipp, Flo und Carolin folgten ihm. Doch plötzlich war er auf dem Gelände des sich anschließenden Hinterhofs verschwunden.

»Das gibt's doch nicht«, keuchte Philipp, als sie am Mauerabsatz angekommen waren.

»Dieser Kerl ist wie weggehext«, stöhnte Flo. »Hier gibt es jede Menge Möglichkeiten zu verschwinden. Wir können uns aussuchen, in welcher Richtung wir suchen wollen.«

Während ihre Freunde die Ziegelsteinmauer überwanden und hochkonzentriert nach möglichen Spuren des Täters suchten, hatte Carolin aber bereits etwas entdeckt.

»Schaut dort drüben, da hat der Täter etwas verloren beziehungsweise sich einer Sache entledigt«, rief sie.

? **Worauf wurde Carolin aufmerksam?**

9. Drosselgasse Nr. 7

Caro hatte unter dem Treppenabsatz den Hut des Täters erkannt, den sie als Indiz für die weitere detektivische Arbeit mitnahm. Der Täter selbst allerdings blieb verschwunden.

Am nächsten Tag studierte die Lakritzbande im Taubenatelier eingehend die Morgenzeitung und stieß auf Seite sechs auf den Bericht über den Museumsraub. Neben einem Foto, das das gestohlene Zepter zeigte, stand folgender Text:

»… Erst kürzlich war das Zepter aus dem Nachlass des verstorbenen Archäologieprofessors Alfons Timbernuss vom Schlossmuseum erstanden worden. Ein wahres Geheimnis rankt sich um das Zepter, in dessen Besitz Timbernuss auf mysteriöse Weise gelangt war. Seine Haushälterin, alleinige Erbberechtigte, hat erst vor vier Wochen…«

»Wie ich schon vermutet habe, das gestohlene Zepter birgt ein Geheimnis…«, rief Caro aus.

Die Adresse des verstorbenen Professors erfuhr die Lakritzbande aus dem Telefonbuch und noch am selben Vormittag klingelte sie in der Drosselgasse Nr. 7. Eine ältere, aber lebhafte Dame öffnete die Tür.

»Das ist die Haushälterin«, flüsterte Philipp, »und hier sind wir goldrichtig, das ist die Wohnung des Professors.«

144  **Wieso war Philipp davon so überzeugt?**

10. Kommissar Zufall hilft mit

Die Haushälterin brauchte der Lakritzbande gar nicht erst zu erklären, dass ihre Wohnung jene des verstorbenen Professors war. Philipp hatte im Flur sofort das große Bild entdeckt, das offensichtlich den Professor zeigte, der das gestohlene Zepter in seinen Händen hielt.

Da von der Haushälterin nicht viel Neues zu erfahren war, hielt sich die Lakritzbande in den nächsten Tagen nach der Schule oft im Taubenatelier auf, um alle bisherigen Hinweise zu überprüfen.

An einem Dienstagnachmittag kam die entscheidende Wende. Philipp, Flo und Carolin waren auf dem Heimweg von der Schule. Dieses Mal nahmen sie den Weg am Marktplatz vorbei. Laster dröhnten auf dem Asphalt, das Motorengeräusch wurde hin und wieder vom Hupen eines ungeduldigen Autofahrers übertönt. Die Lakritzbande stand vor der roten Ampel an der großen Kreuzung.

Florentin hatte schon den ganzen Tag über das Gefühl, dass sie heute einen entscheidenden Schritt vorankommen würden. Und tatsächlich, Flo traute seinen Augen kaum, aber er war sich plötzlich sicher, den Dieb mit der karierten Hose für einen kurzen Moment im Visier gehabt zu haben.

❓ Wo entdeckte Flo den Dieb?

11. Wie vom Erdboden verschluckt

Der Dieb war mit seinem Fahrrad unterwegs und verschwand gerade auf der Querstraße hinter dem großen Kirchturm aus dem Blickfeld.

Die Ampel schaltete auf Grün. Sofort nahm die Lakritzbande die Verfolgung auf. Obwohl der Dieb hastig in die Pedale trat, konnten Philipp, Flo und Carolin gerade noch beobachten, wie der Mann hinter einem Schiebetor verschwand. Die Detektive folgten ihm, doch ehe sie das offene Tor erreicht hatten, begann es, sich vor ihren Augen automatisch zu schließen.

»Kannst du was sehen?«, keuchte Philipp, als Caro, auf seinen Schultern stehend, den Garten hinter der Mauer beobachtete.

»Nö, hier sieht alles verlassen aus«, antwortete Carolin. Nur Coco gab kurz einmal einen Laut von sich.

Caro stieg von Philipps Schultern, um zu verschnaufen. Kurz darauf warf sie noch einmal einen Blick von oben auf den Garten.

»Kannst du jetzt etwas entdecken?«, fragte Philipp ungeduldig.

»Nein, alles beim Al...«, Caro stockte, »verdammt, gerade muss noch jemand hier im Garten gewesen sein!«

? **Was hatte Caro bemerkt?**

12. Ein raffinierter Geheimgang

Es war der Gartenzwerg, der in der Zwischenzeit gedreht worden war. Caro zögerte nicht lange und stemmte sich die Mauer hoch. Sie ließ sich auf der anderen Seite hinunter, vergewisserte sich, dass sie unbeobachtet blieb, und steuerte sofort auf den Gartenzwerg zu. Sie entdeckte, dass er mit einem Bewegungsmechanismus versehen war, und drehte den Zwerg um 180 Grad. Zeitgleich vernahm sie hinter dem Gebäude ein knarrendes Geräusch. Carolin drehte sich um und bemerkte verwundert einen morschen Holzdeckel, der sich automatisch geöffnet hatte. Wagemutig stieg sie die feuchten Treppenstufen ins Dunkel hinab. Sie folgte dem schwachen Lichtschein am Ende des Tunnels und gelangte durch eine unverschlossene Tür ins Innere des Hauses.

Sie kam in ein unaufgeräumtes, düsteres Büro und plötzlich sah sie das gestohlene Zepter. Es war an einen Stuhl gelehnt, der obere Teil des Zepters lag abgeschraubt auf der Sitzfläche. Caro fühlte sich bestätigt, dass das Zepter allein nicht der Grund für den Diebstahl gewesen sein konnte. Sie schaute sich in dem halbdunklen Zimmer um.

»Donnerwetter«, flüsterte sie, »das war es also, was den Dieb so fesselte.«

? **Womit hatte sich der Dieb beschäftigt?**

13. Gänsehaut für Sekunden

Geheimschriften« lautete der Buchtitel, den Caro im Spiegel lesen konnte. Carolin ging auf den Schreibtisch zu und überprüfte die verstreuten Unterlagen. Auf einem Pergament entdeckte sie merkwürdige Schriftzeichen. Sofort wurde ihr klar, dass dieses Schriftstück im verschraubten Zepter gesteckt haben musste.

»Was für komische Zeichen! Was sie wohl bedeuten mögen?«, fragte sich Carolin. In Windeseile schrieb sie die Hiero-

glyphen ab. Der Täter musste schon an der Entschlüsselung gearbeitet haben, er hatte ein Buch mit Geheimschriften aufgeschlagen. Beim Durchblättern entdeckte sie tatsächlich einige der gesuchten Schriftzeichen wieder, die sich auch auf dem Pergament befanden. Carolin machte sich weitere Notizen und nahm den Zettel mit.

Schon wollte sie kehrtmachen, als sie plötzlich das Gefühl hatte, beobachtet zu werden. Es lief ihr kalt den Rücken runter bei dem Gedanken, jemand könnte sie in diesem fremden Arbeitszimmer überraschen.

Verstohlen blickte sie sich in dem düsteren, vollgestopften Zimmer um. Ob sich tatsächlich jemand in diesem Zimmer versteckt hatte?

152 | **?** **Wo glaubte Caro jemanden zu entdecken?**

14. Rätselhafte Hieroglyphen

Caro hatte das Paar Schuhe unter dem Vorhang entdeckt. Der Vorhang bewegte sich. Wie erstarrt stand Carolin dem vermeintlich Unbekannten gegenüber. Der Vorhang blähte sich auf, und da erkannte sie zu ihrer Erleichterung, dass es sich nur um ein Paar Schuhe handelte, die hinter der Gardine abgestellt worden waren. Und nur der Wind, der durch einen Fensterspalt blies, bewegte die Gardine.

Carolin riss sich zusammen und rannte, ohne sich noch einmal umzudrehen, den Geheimgang zurück. Sie kletterte durch den Tunnel und war froh, wieder ans Tageslicht zu kommen. Rasch drehte sie den Gartenzwerg um, sodass sich der Deckel des Geheimganges wieder schloss, und rannte dann zurück zur Mauer. Mithilfe einer Leiter, die sie abseits im Gras entdeckte, gelangte sie zurück zur Straße. Auf dem Weg ins Taubenatelier schilderte Caro ihre Erlebnisse und berichtete von dem geheimnisvollen Pergament. Die Lakritzbande tüftelte geraume Zeit, bis sie die Geheimschrift endlich vollständig entziffert hatte. Es war Leo, der mit der Lösung aufwarten konnte.

❓ Was besagte die Geheimschrift?

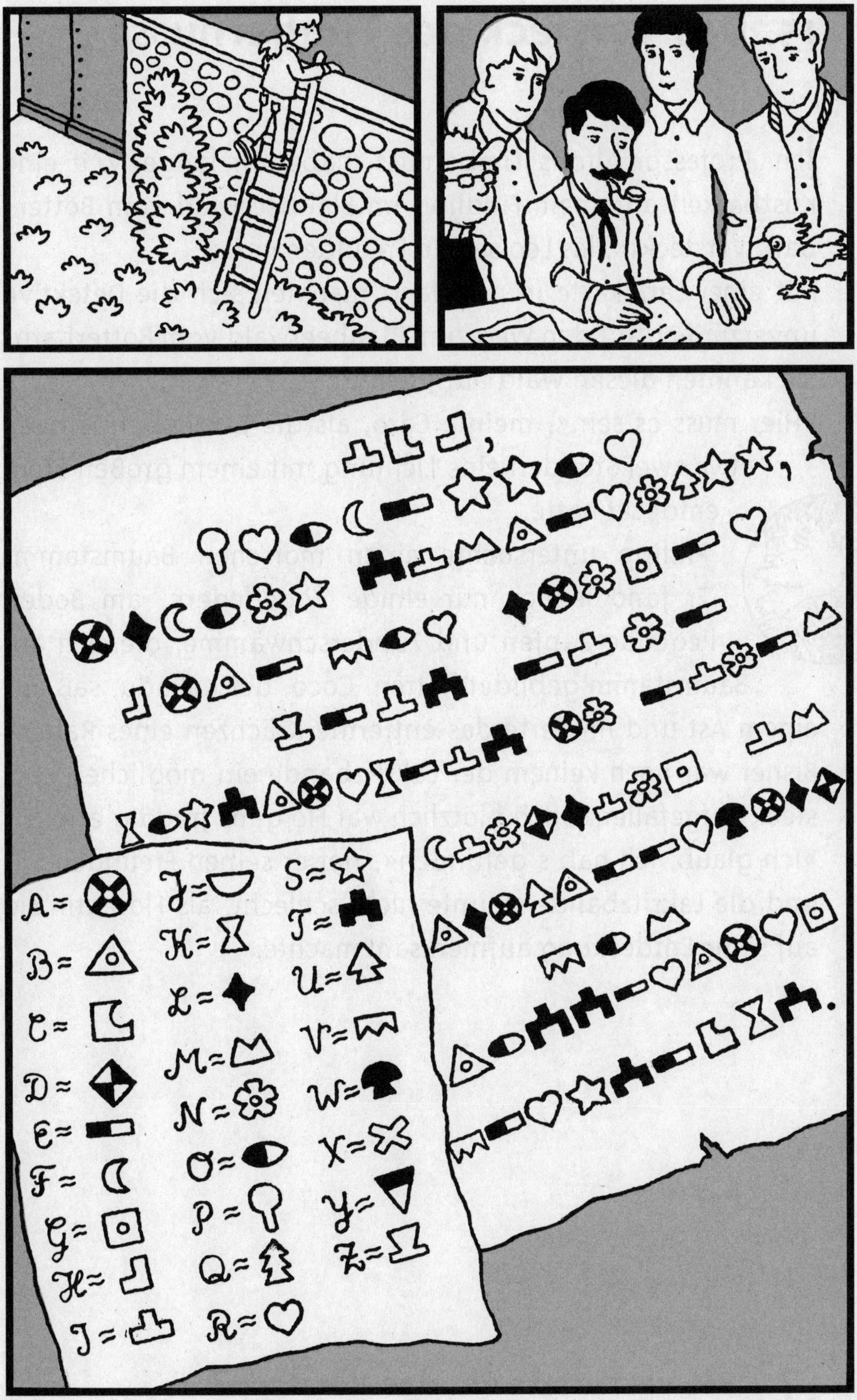

15. Das Versteck des Timbernuss

Ich, Professor Alfons Timbernuss, habe vor langer Zeit eine Kostbarkeit an einem Findling im Blaubeerwald vom Botterbarg versteckt«, las Leo seinen Freunden vor.

Mit einer Landkarte in der Hand machten sich die Detektive unverzüglich auf den Weg zum Blaubeerwald vom Botterbarg. Sie kannten diesen Wald nur flüchtig.

»Hier muss es sein«, meinte Caro, als die Lakritzbande nach etwa zwei Stunden eine Lichtung mit einem großen Stein entdeckt hatte.

Philipp untersuchte einen morschen Baumstamm. Er fand jedoch nur einige Vogelfedern, am Boden liegende Zapfen und Zunderschwämme, die sich am Baumstamm gebildet hatten. Coco, der Kakadu, saß auf einem Ast und imitierte das entfernte Krächzen eines Raben. Bisher war noch keinem der Lakritzbande ein mögliches Versteck aufgefallen. Doch plötzlich war Flo ganz freudig erregt.

»Ich glaub, ich hab's gefunden«, rief er seinen Freunden zu, und die Lakritzbande staunte nicht schlecht, als Florentin sie auf seine Entdeckung aufmerksam machte.

? Wo vermutete Flo das Versteck?

16. Eine Treppe im Dunkeln

Flo hatte einen eisernen Ring am Fuße des größten Findlings im Blaubeerwald vom Botterbarg entdeckt. Bei näherer Untersuchung zeigte sich, dass der stark verrostete Eisenring an einer steinernen Platte befestigt war. Erstaunlicherweise war diese bereits freigelegt. Leo erkannte, dass der Erdboden an dieser Stelle frisch gesäubert worden war. Der Verdacht lag somit nahe, dass jemand bereits kurz zuvor dieses Versteck aufgesucht haben musste.

»Hau ruck!«, rief Lars, zog am Eisenring und öffnete die Luke vorsichtig.

»Sicher ist der Dieb, der die Geheimschrift entziffert hat, dort unten«, murmelte Caro. Auch ihr war die vermutlich frisch freigelegte Steinplatte nicht entgangen. Vorsichtig stiegen die Detektive, einer nach dem anderen, zwölf nasse, dunkle Treppenstufen ins scheinbare Nichts hinab. Geduckt schlichen sie sich den schmalen Gang entlang. »Tatsächlich! Hier war schon jemand«, flüsterte Lars.

? **Wieso war sich Lars so sicher?**

17. Auf der Spur des Täters

Lars wies auf eine Taschenlampe, die im Dunkel zwischen einigen Felssteinen lag. Er untersuchte die Lampe und stellte fest, dass die Batterien leer waren.

»Die Lampe ist immerhin ein Beweis dafür, dass jemand diesen geheimen Gang schon einmal aufgesucht hat«, konstatierte er. Die Lakritzbande schlich vorsichtig weiter, kleine Steinchen knirschten im feuchten Sand unter den Schuhsohlen.

»Psst«, flüsterte Leo, »habt ihr auch eben das Geräusch gehört?«

»Nein, was für ein Geräusch?«, fragte Lars.

»Ich meine das Stöhnen. Hört ihr es nicht?«

»Das sind Gespenster, du hast wohl schon Hosenflattern«, lästerte Lars.

»Ich bin mir sicher, hier muss jemand sein«, antwortete Leo ein wenig gereizt.

»Leo hat recht, es gibt hier noch jemanden. Ich werde euch auch sagen, wo er steckt«, flüsterte Florentin.

  **Wo entdeckte Flo eine Person?**

18. Der Schatz im Dunkeln

Flo hatte die beiden Hände entdeckt, die zu einem Mann gehörten, der in einer Felsspalte hing. Er hielt sich an einem glitschigen Felsvorsprung fest und rief um Hilfe, als er Rettung nahen hörte.

»Ziehen Sie mich hoch, sonst rutsche ich ab«, keuchte der Unbekannte.

»Sieh mal einer an«, sagte Leo, als er mit seiner Taschenlampe die Person anleuchtete.

Im Licht der Taschenlampe erkannten die Detektive den Museumsdieb wieder. Ehe sie ihm halfen, sicheren Boden unter die Füße zu bekommen, bestanden sie auf einem Geständnis des Mannes. Erschöpft gab er zu, mit einem Komplizen im Eiscafé den Plan ausgeheckt und das Zepter im Schlossmuseum gestohlen zu haben.

»Sie waren schon knapp vor dem Ziel. Wenn Sie nicht gestürzt wären, hätten Sie die versteckte Beute des Professors einheimsen können«, sagte Lars.

»Wovon redet er?«, fragte Flo und schaute sich erstaunt um.

»Ist doch klar«, sagte Carolin, »dort ist ja die versteckte Beute.«

❓ Wo war die versteckte Beute?

19. Das doppelte Zepter

Carolin hatte ein verschnürtes Päckchen oben in der Felsspalte entdeckt. Als sie das Päckchen auswickelte, traute sie ihren Augen nicht.

»Donnerwetter, noch ein Zepter«, entfuhr es ihr. Auch ihre Freunde waren baff.

»Tja, das hättet ihr nicht gedacht, dass ihr hier noch eines finden würdet«, rief der Dieb, inzwischen in Handschellen, mit gewissem Stolz und fuhr fort: »Timbernuss und mein Vater hatten vor etwa fünfzig Jahren dem Grafen P. dieses Zepter gestohlen. Doch mein Vater wurde vom Professor übers Ohr gehauen. Ich sah die Chance meines Lebens, es nach dem Tod des Professors an mich zu bringen. Da es sich aber im Museum befand, musste ich es dort entwenden. Nach der Tat habe ich schnell gemerkt, dass es sich nicht um das Original handeln konnte. Und als ich den Schraubmechanismus und dann das Pergament entdeckte, wusste ich natürlich sofort, wo ich das echte Zepter finden würde.«

Der Dieb wurde der Polizei überstellt. Sein Komplize konnte kurz darauf in seiner Wohnung festgenommen werden, während die Detektive schon auf dem Weg ins Museum waren. Unter dem Blitzlichtgewitter der anwesenden Journalisten übergaben die Detektive dem Direktor beide Zepter.

»Sie scheinen in der Tat völlig gleich«, meinte Leo, »wenn da nicht dieser kleine Unterschied wäre.«

  **Worauf spielte Leo an?**

Juwelendieb im Theater
1. Schrecken vor der Premiere

Es war der ovale Stein, der unterhalb der großen Kugel auf dem echten Zepter senkrecht angebracht und auf dem Duplikat waagerecht aufgesetzt war.

Die Echtheit des versteckten Zepters war somit festgestellt. Aus Angst vor einer Entdeckung des Diebstahls hatte Alfons Timbernuss ein Duplikat anfertigen lassen und das echte Zepter versteckt.

Wer aber nun dachte, die Lakritzbande würde sich auf ihren Lorbeeren ausruhen, irrte sich gewaltig. Bereits wenige Tage später wurde sie schon wieder Zeuge eines Diebstahls, als sie gemeinsam die Premiere des Theaterstücks »Der König vom Drachenland« besuchte, die um sechs Uhr abends in der Kastanienallee stattfand.

Ein Gong ertönte und die Theaterbesucher nahmen ihre Plätze ein. Die Detektive setzten sich in den zweiten Rang. Der Saal füllte sich. Die Vorstellung war restlos ausverkauft. Die Saalbeleuchtung erlosch und alle Augenpaare richteten sich auf die Bühne. Die Komödie konnte beginnen. Doch ehe das Scheinwerferlicht die Bühne vollends ausleuchtete, ertönte ein erstickter Schrei.

»Woher kam dieser Ton?«, fragte Carolin.

Philipp entdeckte die Frau, die offensichtlich den Schrei ausgestoßen hatte und dann in Ohnmacht gefallen war.

  **Wo hatte Philipp die Frau entdeckt?**

2. Eine fassungslose Zeugin

Oben in der ersten Loge im dritten Rang lag die ohnmächtige Frau. Ein Schluck Wasser brachte sie wieder zu sich. Sie hatte den Schrei ausgestoßen, weil ihr plötzlich jemand eine Hand um den Hals gelegt und ihr in Sekundenschnelle eine wertvolle Kette entrissen hatte.

»In der Tat, eine außergewöhnliche Premiere«, bemerkte Flo trocken. Mit Verzögerung konnte die Vorstellung beginnen, die Lakritzbande verließ jedoch sofort ihre Loge, um nähere Einzelheiten zu dem Vorfall zu erfahren.

Als die Sicherheitsmaßnahmen der Theaterdirektion eingeleitet wurden, war die Lakritzbande bereits informiert. Sie verließ das Theater, um sich auf die Suche nach dem Täter zu machen. Auf der gegenüberliegenden Straßenseite begegnete sie einer Frau, die sich an einer Hauswand festzuhalten suchte. Sie murmelte etwas von einem flegelhaften Mann, der hastig an ihr vorbeigerannt war und sie angerempelt hatte. Wegen der schwachen Straßenbeleuchtung sah sie sich jedoch außerstande, den Mann zu beschreiben. Allerdings glaubte sie, dass er in der Eile etwas verloren hatte.

»Der ist jetzt bestimmt schon über alle Berge«, meinte Flo, »den werden wir nicht mehr erwischen.«

»Ich weiß aber, wo er entlanggelaufen ist«, fiel Caro ihm ins Wort. »Er hat etwas verloren, dort liegt der Beweis!«

  **Worauf wurde Caro aufmerksam?**

3. Verschwinden im Dunkeln

Es war der Handschuh links auf dem Mauervorsprung, den der Unbekannte auf seiner Flucht verloren hatte. Die Detektive folgten dem Weg, der von Mülltonnen und Altglascontainern gesäumt war, und gelangten über einen Hinterhof auf die Bahnhofstraße, von wo aus man einen guten Einblick in die verschiedenen Straßen hatte. Sie spähten aufmerksam umher, doch von dem Täter fehlte jede Spur. Eine gespenstische Stille lag über der Stadt, als sie an einem der großen Torbogen  ankamen. Nur Coco richtete plötzlich seinen Federkamm auf. Und da heulte auch schon unweit des Torbogens ein Motor auf, und man hörte das Knattern eines Motorrads, das in kürzester Zeit beschleunigt wurde.

»Das könnte der Täter gewesen sein«, mutmaßte Philipp, ohne das Fahrzeug genau orten zu können.

Die Straßen waren kaum beleuchtet.

»Keine Menschenseele weit und breit«, bemerkte Caro. Als in diesem Moment das Motorengeräusch näher kam, schaute Philipp genau in die Richtung und ortete für den Bruchteil einer Sekunde das davonfahrende Fahrzeug. Aber dann war der Lärm schon wieder in der Ferne verhallt.

? Wo vernahm Philipp das Geräusch?

4. Der Täter schlägt erneut zu

Am Abend des ersten Diebstahls hatte Philipp das Motorrad gesehen, als es am Hotel »Zur Linde« vorbeifuhr.

»Das muss der Täter gewesen sein, so wie der auf seiner Maschine davongebraust ist«, war sich auch Carolin sicher.

Um dem Täter auf der Spur zu bleiben, schien es der Lakritz-bande unumgänglich, auch an den folgenden Abenden wieder Theateraufführungen zu besuchen.

Allerdings blieb es in der folgenden Zeit ruhig, sodass die Detektive schon fast überzeugt waren, der Dieb habe sich aus dem Staub gemacht.

Doch an einem Donnerstagabend wurden sie eines Besseren belehrt. Tatort war wieder das Theater in der Kastanienallee. Dieses Mal schlug der Täter bereits im Foyer — noch vor der Vorstellung — zu.

Mit vielen anderen Theaterbesuchern standen die Detektive in der großen Halle und beobachteten das gesellige Treiben, als plötzlich wieder der Schrei einer Frau ertönte. Florentin beobachtete, wie sich eine Besucherin ganz benommen auf einen Stuhl neben dem Treppenaufgang setzte, und war sich dann sicher, auch diese Frau war bestohlen worden.

? **Was fehlte der Dame?**

5. Um Haaresbreite entwischt

Es war ein Armband, um das die Besucherin vor wenigen Augenblicken erleichtert worden war.

Dieses Mal funktionierten die Sicherheitsvorkehrungen schneller, die Ausgänge wurden abgeriegelt und die Personen kontrolliert, zunächst jedoch ohne Erfolg. Philipp, Flo und Carolin beobachteten das Gedränge der Theaterbesucher im Foyer.

»Wohin kann der Dieb nur verschwunden sein?«, fragte Carolin ihre Freunde.

»Der Täter muss sich in Luft aufgelöst haben, wo sonst kann er abgeblieben...«, doch dann verstummte Flo ganz plötzlich.

Er hatte jemanden an einem Seitenausgang bemerkt, der gerade im Begriff war, die Tür hinter sich zu schließen. Eilig steuerte die Lakritzbande auf diese Seitentür zu, öffnete sie und rannte den dunklen Gang entlang, an dessen Ende ein dumpfes Poltern zu hören war.

»Wir sind ihm auf der Spur, er kann nicht weit sein«, frohlockte Flo, als sie zu einem abgelegenen Raum kamen.

»Wir müssen alles durchstöbern und auf den Kopf stellen«, meinte Philipp.

»Das können wir uns sparen. Wir sind zu spät gekommen«, bremste Caro ihre Freunde, »er ist bereits über alle Berge.«

  **Wie war die Person verschwunden?**

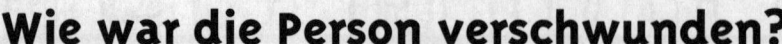

6. Auf frischer Tat

Der Dieb war durch das offene Kellerfenster nach draußen in die Dunkelheit entwischt. Wieder einmal war die Lakritzbande zu spät gekommen.

Doch bereits zwei Tage später waren die Detektive aufs Neue gefordert. Während Philipp, Flo und Carolin bis in den Abend hinein für eine Klassenarbeit büffelten, saßen Lars und Leo, mit einem Fernglas ausgerüstet, im großen Stadttheater — Parkett, fünfte Reihe.

»Ich kann mir eigentlich nicht vorstellen, dass sich der Bursche heute blicken lässt«, flüsterte Lars, während er mit seinem Opernglas aufmerksam das Theaterpublikum musterte. Auch Leo schaute sich um und konnte nichts Auffälliges entdecken. Es war 21.00 Uhr, kurz vor der Pause nach dem zweiten Akt.

»Hoppla, schau mal!« Leo stieß Lars plötzlich an. »Der Dieb ist bereits bei der Arbeit!«

»Das kann doch nicht wahr sein!«, entfuhr es Lars, als er erneut durch das Opernglas schaute. Er sah gerade noch, wie der Dieb seine Hand zurückzog.

»Eine Brillantkette!«, bemerkte Leo. »Was für eine fette Beute!«

  **Wo geschah der Diebstahl?**

7. Das tätowierte Herz

Der Diebstahl der Brillantkette ereignete sich oben in der zweiten Loge.

»Hast du auch das tätowierte Herz auf der Hand des Diebes gesehen?«, fragte Lars.

»Klar«, antwortete Leo, »daran werden wir ihn ganz sicher wiedererkennen können!«

Noch ehe mit dem Pausengong die Theaterbesucher in das Foyer strömten, hatten sich Lars und Leo bereits hinausgeschlichen. Gespannt warteten sie unten an der großen Treppe, in der Hoffnung, den Täter noch abzufangen.

»Sollte er uns etwa doch entwischt sein?«, fragte Leo nach einer Weile zweifelnd.

Die Detektive musterten aufmerksam jeden einzelnen Besucher. Alle Ausgänge waren bereits wieder abgeriegelt worden. Zivilbeamte hatten ihre Posten außerhalb des Theaters bezogen, doch vom Juwelendieb fehlte jede Spur.

»Holla«, entfuhr es da Lars, »dort ist der Kerl! Komm, schnappen wir ihn uns.«

? Wo wär der Dieb?

8. In der Klemme

Der Dieb stand neben der Treppensäule. Lars hatte seine tätowierte Hand im Spiegel wiedererkannt.

»Also, worauf warten wir noch?«, fragte Leo.

Die beiden Detektive drängten sich leicht geduckt durch die Menschenmenge.

»Nicht auffallen«, flüsterte Lars.

Aber der Dieb bemerkte sie dennoch, riss eine Tür auf und verschwand. Er lief einige Treppenstufen hinunter und einen dunklen Gang entlang. Dabei verlor er beinahe die gestohlene Brillantkette, die in seiner Jackentasche steckte.

»Zur Requisitenkammer«, keuchte Lars, als er und Leo in langen Sätzen dem Mann hinterherjagten. Sekunden später standen die Detektive in einem finsteren, staubigen Gewölbe. Es war so dunkel, dass Leo seine Taschenlampe einschalten musste. Nach wenigen Augenblicken entdeckte er den Dieb.

»Da ist ja unser Freund«, rief auch Lars, »kommen Sie aus der Truhe!«

»Und her mit den Brillanten!«, befahl Leo.

Als die Detektive den Mann durchsuchten, fanden sie die gestohlene Kette jedoch nicht.

»Raffiniert«, sagte Leo, nachdem er sich im Gewölbe umgeschaut hatte, »da ist sie ja!«

? Wo war die Brillantkette?

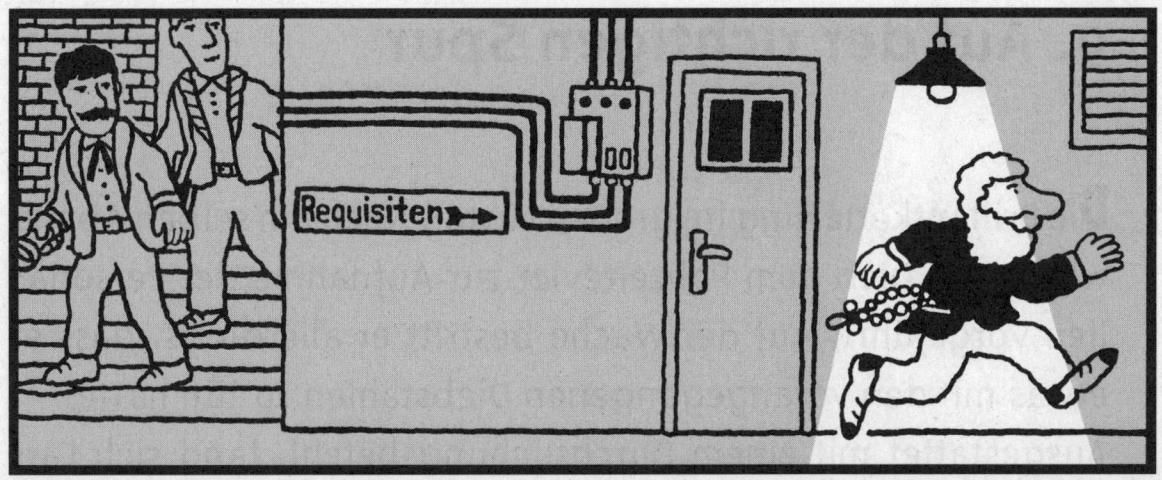

9. Auf der richtigen Spur

Die Brillantkette hing im großen Lüster. Noch am selben Abend wurde der Dieb dem Polizeirevier zur Aufnahme der Personalien vorgeführt. Auf der Wache bestritt er allerdings, dass er etwas mit den vorangegangenen Diebstählen zu tun hatte. Ausgestattet mit einem Durchsuchungsbefehl, fand sich Lars mit der übrigen Lakritzbande am nächsten Morgen in der Hopfengasse Nr. 12 ein, um die im ersten Stock gelegene Wohnung des Juwelendiebes nach weiterer Beute zu durchsuchen.

»Nichts zu finden«, meinte Lars nach einer guten Stunde.

»Ärgerlich«, brummte Leo, »so werden wir dem Dieb die anderen Taten nicht nachweisen können. Wo kein Beweis ist, ist auch keine Anklage.«

»Los, Freunde, machen wir Schluss«, stimmte Lars zu, »hier im Zimmer ist beim besten Willen nichts zu finden!«

Doch Philipp war ganz anderer Meinung. Er hatte nämlich eine erstaunliche Beobachtung gemacht.

»Irrtum, Freunde, wir haben nicht die ganze Wohnung durchsucht, es gibt noch einen weiteren Raum!«

  **Wie kam Philipp darauf?**

10. Die geheime Tür

Philipp hatte ein Türscharnier hinter dem großen Schrank an der Wand entdeckt, was darauf schließen ließ, dass sich dort ein weiteres Zimmer befinden musste.

Sofort schoben die Detektive den massiven Schrank zur Seite. Dahinter entdeckten sie eine Tür, die sich ohne Weiteres öffnen ließ, und die Lakritzbande sah sich unmittelbar vor einer Treppe zu einem verstaubten alten Lagerraum.

»Donnerwetter, hier könnte auch mal wieder Staub gewischt werden«, murmelte Leo, der als Erster die Treppe hinunterging.

»Machen wir uns also erneut auf die Suche«, sagte Lars, als die Detektive, einer nach dem anderen, unten im Lagerraum angekommen waren.

»Habt ihr was gefunden?«, fragte Philipp, der mit Carolin jeden einzelnen Karton und die Säcke durchsuchte.

»Nur Gerümpel ohne Ende«, meinte Flo. Er war gerade im Begriff, die Marmeladengläser unter der Treppe zu inspizieren.

»Ich hab's, ich weiß, wo die restliche Diebesbeute versteckt ist!«, rief Caro plötzlich triumphierend. »Das Versteck ist super!«

? Wo entdeckte Carolin den übrigen Schmuck?

Gold im Wilden Westen
1. Das Haus gegenüber

Bereits in der Abendzeitung, die aufgeschlagen im Taubenatelier auf dem Tisch lag, wurde von dem Juwelendieb berichtet, der dank der Lakritzbande all der ihm zur Last gelegten Taten überführt werden konnte. »›Die restliche Beute‹«, so zitierte Flo, »›konnte im Aquarium in der Wohnung des Täters sichergestellt werden.‹«

»Komisch«, sagte Carolin, die völlig abwesend zu sein schien, »das Haus Nr. 20 von gegenüber scheint wie ausgestorben. Nie ist jemand darin zu sehen!«

»Stimmt«, nickte Philipp, »die Mieter habe ich auch noch nie bemerkt.«

»Nun mal halblang, Freunde«, bremste Leo, »ihr wollt doch nicht schon den nächsten Kriminalfall heraufbeschwören!«

Am nächsten Tag, direkt nach der Schule, traf sich die Lakritzbande wieder im Taubenatelier, um Schularbeiten zu machen. Lars und Leo kamen gerade die Treppe hoch, als Carolin erneut loslegte:

»Ich schwöre euch, das Haus gegenüber ist irgendwie seltsam. Was da wohl vor sich gehen mag? Keine Menschenseele weit und breit zu sehen.«

»Stimmt nicht ganz«, warf Philipp ein, »ich sehe sogar von hier aus, dass jedenfalls seit gestern jemand im Haus gewesen sein muss.«

  **Worauf spielte Philipp an?**

2. Einbruch über Nacht

Philipp war auf das zerbrochene Kellerfenster am Seitenflügel des Hauses aufmerksam geworden, was der Lakritzbande signalisierte, dass sie es vermutlich mit einem Einbruch zu tun hatte.

Ohne zu zögern, verließen die drei das Taubenatelier und liefen auf die andere Straßenseite, um die Sache näher in Augenschein zu nehmen.

Vor dem Tatort trafen sie ihre Nachbarin, Frau Lindemann. Sie kümmerte sich zurzeit um das Haus Nr. 20 und schaute täglich nach dem Rechten, solange ihre Freundin Käthe Sengelmeier im Urlaub war. Als Frau Lindemann die Haustür aufschloss, stieß sie einen entsetzten Schrei aus. Die Lakritzbande sah sich sofort in ihrem Verdacht bestätigt, dass jemand unerlaubt ins Haus eingedrungen sein musste.

»Du heiliger Bimbam, was der Täter nur gesucht haben mag?«, fragte Flo.

»Das kann ich auf die Schnelle auch nicht sagen«, stammelte Frau Lindemann, »ich weiß lediglich, dass Frau Sengelmeier irgendwo im Haus ein Geheimfach hat.«

»Stimmt«, antwortete Caro, »es ist nicht zu übersehen. Und der Dieb hat das offensichtlich auch herausgefunden!«

? **Wo befand sich das Geheimfach?**

3. Der gestohlene Goldbarren

Das Geheimfach befand sich rechts in der Wand hinter dem aufgeklappten Gemälde.

»Was der Dieb wohl gestohlen hat?«, fragte Carolin.

»Ich weiß, dass dort im Safe ein Goldbarren gewesen ist. Frau Sengelmeier hatte es mir anvertraut«, meinte Frau Lindemann, als sie weiter ins Zimmer vordrang.

»Ist ja fürchterlich, wie es hier aussieht«, jammerte sie und setzte sich erschöpft auf einen Stuhl.

»Aber viel wichtiger ist mir, Flups zu finden. Der Einbrecher hat ihn doch wohl nicht mitgenommen? Wo mag er nur abgeblieben sein?«

»Wer ist denn Flups?«, erkundigte sich Philipp.

»Kennt ihr ihn denn nicht?«, fragte Frau Lindemann. »Es ist der kleine Hund von Frau Sengelmeier. Während ihrer Abwesenheit führe ich ihn jeden Tag spazieren. Es wird Flups doch nichts zugestoßen sein!«

Doch schon raschelte es irgendwo im Zimmer. Und Florentin hatte den kleinen Hund inmitten des Chaos aufgespürt.

(?) Wo hatte sich der Hund versteckt?

4. Der einzige Zeuge

Florentin hatte den Hund hinter dem umgekippten Sessel entdeckt. Er lockte ihn und ängstlich kam Flups hervorgekrochen. »Was hast du denn da in deiner Schnauze?«, fragte Frau Lindemann überrascht.

Sie nahm ihm einen kleinen Fetzen Stoff ab und bestaunte ihn. Die Detektive kombinierten messerscharf, dass der Hund diesen gemusterten Stoff vermutlich aus der Jacke des Einbrechers herausgerissen hatte.

»Eine erste heiße Spur«, triumphierte Philipp.

Die weitere Spurensuche übernahm die Polizei, während Frau Lindemann mit Flups seinen ersehnten Spaziergang antreten konnte.

Zurück im Taubenatelier, knobelte die Lakritzbande an dem neuen Kriminalfall herum. Bisher ergab nur der Stoffffetzen einen ersten Anhaltspunkt.

Erst eine Woche später sollte die Lakritzbande für ihre Wachsamkeit mit einem neuen Hinweis belohnt werden. Es war gegen halb zwei Uhr, als die Detektive von der Schule auf dem Weg nach Hause waren.

»Potzblitz!«, sprudelte es aus Philipp heraus. »Träume ich oder nicht? Seht ihr den Mann in der zerrissenen Karojacke? Das könnte glatt der Einbrecher sein.«

  **Wo war die gesuchte Person?**

5. Eine zufällige Beobachtung

Philipp hatte den Verdächtigen an der zerrissenen Jacke erkannt, als er gerade mit einer Kiste auf der Schulter in einem Hausdurchgang verschwand.

»Los, hinterher«, befahl Philipp.

Doch als die Detektive den Eingang des Hauses erreichten, fehlte von dem Mann jede Spur.

»Ist euch etwas aufgefallen?«, fragte Philipp seine Freunde.

»Sicher meinst du die Kiste auf seiner Schulter«, antwortete Caro, »weiß der Himmel, was da drin gewesen ist.«

»Aber habt ihr auch gesehen, was auf der Kiste abgebildet war?«, fuhr Philipp fort.

»Natürlich! Ein schwarzes Pferd. Und? Was hat es damit auf sich?«

»Das müssen wir jetzt herausfinden«, erwiderte Philipp. »Also: Augen auf!«

Die Lakritzbande machte sich auf den Rückweg zum Taubenatelier, in der Hoffnung, doch noch die »Stecknadel im Heuhaufen« finden zu können.

»Ich hab's…«, rief Carolin plötzlich, »ich weiß, wo wir weitersuchen müssen.«

  **Worauf wurde Carolin aufmerksam?**

6. Der Wilde Westen

Die Lakritzbande stürzte hinüber zu dem Plakat im Torbogen hinter der Litfaßsäule. Denn dort hatte Caro den entscheidenden Hinweis entdeckt. Es war das Emblem mit dem schwarzen Pferd, das ihre Neugier geweckt hatte.

»Also nichts wie hin«, schlug Florentin vor.

In der Hoffnung, den Typen mit der zerrissenen Jacke wiederzufinden, fuhr die Lakritzbande noch am gleichen Nachmittag zum Kalksteinberg, wo in den kommenden sechs Wochen täglich ein großes Wildwest-Festival stattfinden sollte. Die Detektive schauten sich auf dem Gelände um. Einige Schauspieler waren bereits kostümiert, andere saßen noch in der Maske.

»Habt ihr Mr Langfinger schon entdeckt?«, flüsterte Caro.

»Nein, noch nicht«, antwortete Philipp etwas genervt, »wir wissen ja nicht einmal, ob er überhaupt hier arbeitet.«

»Es könnte immerhin sein, dass er schon kostümiert ist«, meinte Caro und nahm die vielen Cowboys, Siedler und Indianer ins Visier.

»Stimmt«, unterbrach Flo, »ich glaub, ich weiß auch schon, welche Paraderolle er im ›Wilden Westen‹ übernehmen wird.«

? **Als was hatte sich der Langfinger verkleidet?**

7. In Lügen verstrickt

Flo erkannte den Gesuchten, weil er seine karierte Jacke über dem Arm trug. Verblüffend war, dass er beim Wildwest-Spektakel gerade die Rolle des Sheriffs übernahm.

»Verlieren wir keine Zeit«, spornte Philipp seine Freunde an und lief voran.

Sie schlichen sich zum Eingang des Wohnwagens und sahen sich auch schon dem vermeintlichen Sheriff gegenüber.

»Was wollt ihr hier?«, rief ihnen der Mann aus dem Wohnwagen entgegen. »Macht, dass ihr wegkommt, sonst hole ich die Polizei.«

Doch die Lakritzbande ließ sich nicht beirren und trat entschlossen auf ihn zu.

»Das würde ich an Ihrer Stelle nicht tun«, rief Philipp, »denn die Polizei würde sich sicher nur für Sie interessieren!«

»Was wollt ihr damit sagen?« Mit finsterem Gesicht musterte er die Detektive.

»Reden Sie sich nicht heraus, Sie haben doch in der Taubengasse einen Einbruch verübt und einen Goldbarren gestohlen«, warf Carolin ein.

»Wovon redet ihr denn da, ich weiß von nichts!«, antwortete der Mann ärgerlich.

»Oh doch, Sie wissen genau Bescheid«, konterte Philipp.

 **Weshalb war sich Philipp so sicher?**

8. Blick durch das Fenster

Es war die Zeitung, die vom Einbruch berichtete und die in der Manteltasche des Mannes steckte.

Mit einem Satz sprang der Mann aus seinem Sessel und jagte die Kinder von seinem Wohnwagen fort.

»Schert euch zum Teufel«, rief er ihnen nach und schlug die Tür zu.

»Der hat kein reines Gewissen!«, war Carolin überzeugt.

»Kommt, wir schauen durch das Fenster. Wollen doch mal sehen, was er jetzt macht«, schlug Philipp vor.

Vorsichtig spähten die Detektive durch das seitliche Fenster. Glücklicherweise hatte der Mann ihnen gerade den Rücken zugewandt, sodass er sie nicht bemerkte.

»Was könnt ihr denn sehen?«, flüsterte Flo, der als Kleinster der Bande nur bis zum unteren Fensterrahmen reichte.

»Nichts Ungewöhnliches zu entdecken«, Philipp war enttäuscht.

»Ob der Kerl wohl hier irgendwo die Beute von Käthe Sengelmeier versteckt hat?«, fragte Caro und blickte sich aufmerksam um.

»Na ja, ein ganz schönes Durcheinander«, meinte Philipp, während Caro sich am Fenster die Nase platt drückte.

»Immerhin wissen wir jetzt, mit wem wir es zu tun haben«, sagte Philipp. Gerade in diesem Moment drehte sich der Mann um und sie duckten sich und sausten davon.

  **Worauf wurde Philipp aufmerksam?**

9. Carl Brickebracks Vermieterin

Carl Brickebrack« war auf dem geöffneten Briefumschlag zu lesen, der auf dem runden Tisch im Wohnwagen lag. Carolin hatte sich die vollständige Adresse von dem Kuvert notiert und bereits eine Stunde später stand die Lakritzbande vor dem Haus in der Turmstraße Nr. 15.

Philipp schellte und nach kurzer Zeit öffnete eine ältere Dame die Tür.

»Wohnt bei Ihnen Herr Carl Brickebrack?«, fragte Caro.

»Ja«, antwortete Adele Hansen, »aber der ist nicht da. Genauer gesagt ist es schon eine Weile her, dass er hier war. Aber seid ihr nicht die Lakritzbande? Ich kenne euch doch aus der Zeitung«, fügte sie hinzu und bat die Detektive freundlich herein.

»Hat Herr Brickebrack denn etwas ausgefressen?«, fragte Adele Hansen neugierig.

»Das können wir nicht mit Bestimmtheit sagen, dafür fehlen uns noch die Beweise. Aber wenn wir einen Blick in sein Zimmer werfen dürften?«, fragte Flo.

»Das wird leider nicht möglich sein. Es gibt nur einen Schlüssel und den hat Herr Brickebrack selbst. Es ist etwa drei Wochen her, dass er sich hier das letzte Mal blicken ließ«, antwortete Adele Hansen.

Caro schaute durch das Schlüsselloch und war sich sofort sicher, dass das auf keinen Fall so lange her sein konnte.

202 |  **Worauf bezog sich Caro?**

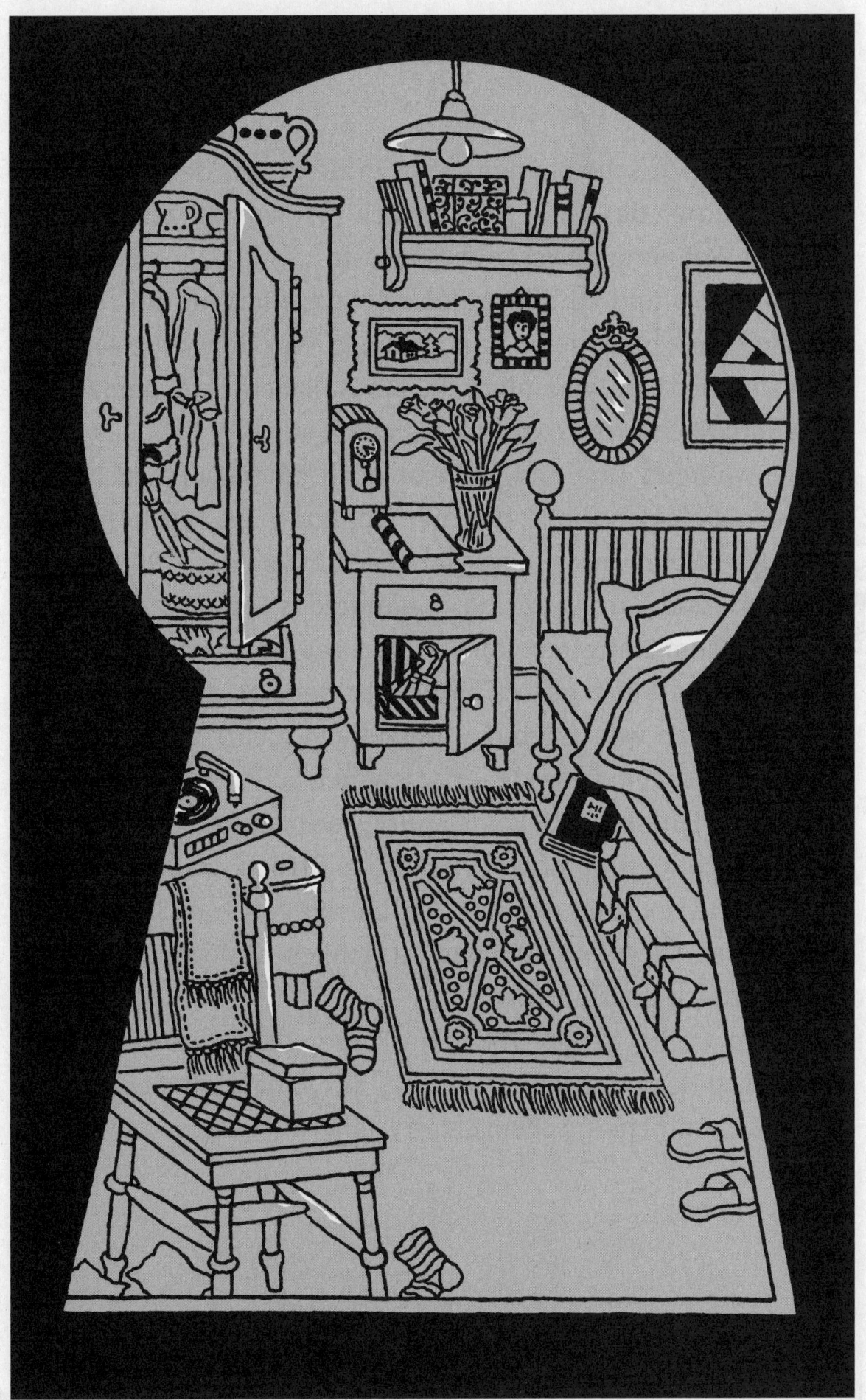

10. Diebesgut im Wilden Westen

Es war der frische Blumenstrauß in der Vase, der Caro davon überzeugte, dass Herr Brickebrack erst vor Kurzem noch in seiner Wohnung gewesen sein musste.

Philipp, Flo und Carolin trafen sich anschließend im Taubenatelier und berichteten Lars und Leo von den neuesten Entwicklungen. Sie vereinbarten, am Kalksteinberg gemeinsam weitere Nachforschungen anzustellen.

Während Lars und Leo erst noch einen Durchsuchungsbefehl sowohl für die Wohnung als auch für den Wohnwagen besorgen wollten, kehrten Philipp, Flo und Carolin auf das Gelände des Festivals zurück. Bis zum Eintreffen von Lars und Leo bezogen sie Stellung, um Carl Brickebrack zu beobachten. Da der Wohnwagen verschlossen war, blieb den Detektiven nichts anderes übrig, als sich auf dem Gelände umzuschauen.

»Von Carl Brickebrack keine Spur«, sagte Carolin.

»Das nicht«, triumphierte Philipp plötzlich, »aber ich habe so eine Vermutung, wo der Goldbarren von Frau Sengelmeier zu finden ist. Wenn sich das tatsächlich bestätigt, wäre Carl Brickebrack überführt.«

Philipp wollte gerade mit dem Finger darauf zeigen, als er plötzlich Herrn Brickebrack hörte, der jemandem etwas zurief und sich mit energischem Schritt näherte.

 **? Wo vermutete Philipp die Diebesbeute?**

11. Brickebrack ist untergetaucht

Das war knapp«, stöhnte Philipp, »ich hätte fast überhaupt nicht mitbekommen, dass Brickebrack im Anmarsch war.«

Zu sehr war er auf den Beutel mit den Initialen »K.S.« fixiert gewesen, den er auf dem Kutschwagen entdeckt hatte.

Philipp, Flo und Carolin hatten sich noch rechtzeitig vor dem Eintreffen von Carl Brickebrack hinter den Kutschwagen geduckt. Brickebrack grapschte sich blitzschnell das kleine Stricksäckchen und machte sich aus dem Staub, noch bevor Lars und Leo mit dem Durchsuchungsbefehl eintrafen.

»Zu spät«, sagte Philipp enttäuscht, »und ich hätte schwören können, dass sich in dem Sack der gestohlene Goldbarren befand.«

»Wohin mag Carl Brickebrack mit dem Beutel verschwunden sein?«, fragte Caro.

In dem Gewimmel schien es ihr ein Leichtes, unterzutauchen.

»Hoffentlich finden wir ihn da mal wieder«, meinte Philipp.

»Ich weiß, wo er steckt«, rief Flo gleich darauf, »und er hat auch noch den kleinen Beutel bei sich.«

? **Wo war Brickebrack?**

12. Auf dem Kalksteinberg

Brickebrack ritt am Holzhaus unterhalb des Büffelschädels entlang, den Beutel mit den Initialen »K.S.« hatte er an seinem Sattel befestigt.

»Nichts wie hinterher«, rief Flo seinen Freunden zu.

Doch als sie sich Brickebrack von hinten näherten, schöpfte dieser Verdacht und gab seinem Pferd die Sporen. Der Schimmel galoppierte davon.

Die Lakritzbande, auch Lars und Leo waren mittlerweile eingetroffen, rannte vergeblich hinterher. Manche der Schauspieler waren überrascht, sie waren sich nicht sicher, ob das Wildwest-Spektakel etwa schon im Gange sei, denn es sollte erst in einer Stunde beginnen. Erste Besucher hatten sich bereits um den Kalksteinfelsen eingefunden. Die Lakritzbande pirschte sich an Brickebrack heran, der nach wie vor auf seinem Pferd saß. Aber der Beutel war verschwunden.

Unschuldig blickte Brickebrack der Lakritzbande entgegen. Auch ein Verhör brachte keinen Aufschluss darüber, wo er das Diebesgut losgeworden sein könnte. Er musste den Beutel versteckt oder unterwegs jemandem übergeben haben.

»Wer mag das kleine Säckchen an sich genommen haben?«, fragte sich Leo.

»Oh, ich glaube, ich sehe da jemanden, der die Beute in Sicherheit bringt«, rief Caro aufgeregt.

  **Wer trug den Beutel bei sich?**

13. Spurensuche in der Wildnis

Dem Mann oben auf dem Felsen war offensichtlich die Diebesbeute von Brickebrack übergeben worden. Der Unbekannte hatte sich von der Gruppe entfernt und war im Begriff, zwischen den Kakteen hinter den Kulissen abseits der Zuschauer zu verschwinden.

Die Lakritzbande rannte hinterher, kletterte den Felsen hinauf, um dem Gesuchten auf den Fersen zu bleiben. Philipp hatte entdeckt, dass der Verfolgte ein untrügliches Merkmal besaß, an dem man ihn jederzeit würde identifizieren können.

Der Vorsprung des Mannes war groß. Als die Lakritzbande auf dem steinigen Pfad nachkam, wusste sie erst einmal nicht, wo sie weitersuchen sollte, denn der Mann war nirgends mehr zu sehen.

»Er ist uns durch die Lappen gegangen«, ärgerte sich Philipp.

»Ob er wohl den Weg bis zur Felsspitze hinaufgegangen ist?«, fragte Carolin.

»Unwahrscheinlich, hier sind keine frischen Fußspuren im Sand«, antwortete Philipp.

Nur Lars konnte sich ein zufriedenes Lächeln nicht verkneifen. Er ahnte, wohin der Gesuchte geflüchtet war. Denn er hatte einen Gegenstand bemerkt, den der Verfolgte verloren hatte.

  **Was hatte Lars entdeckt?**

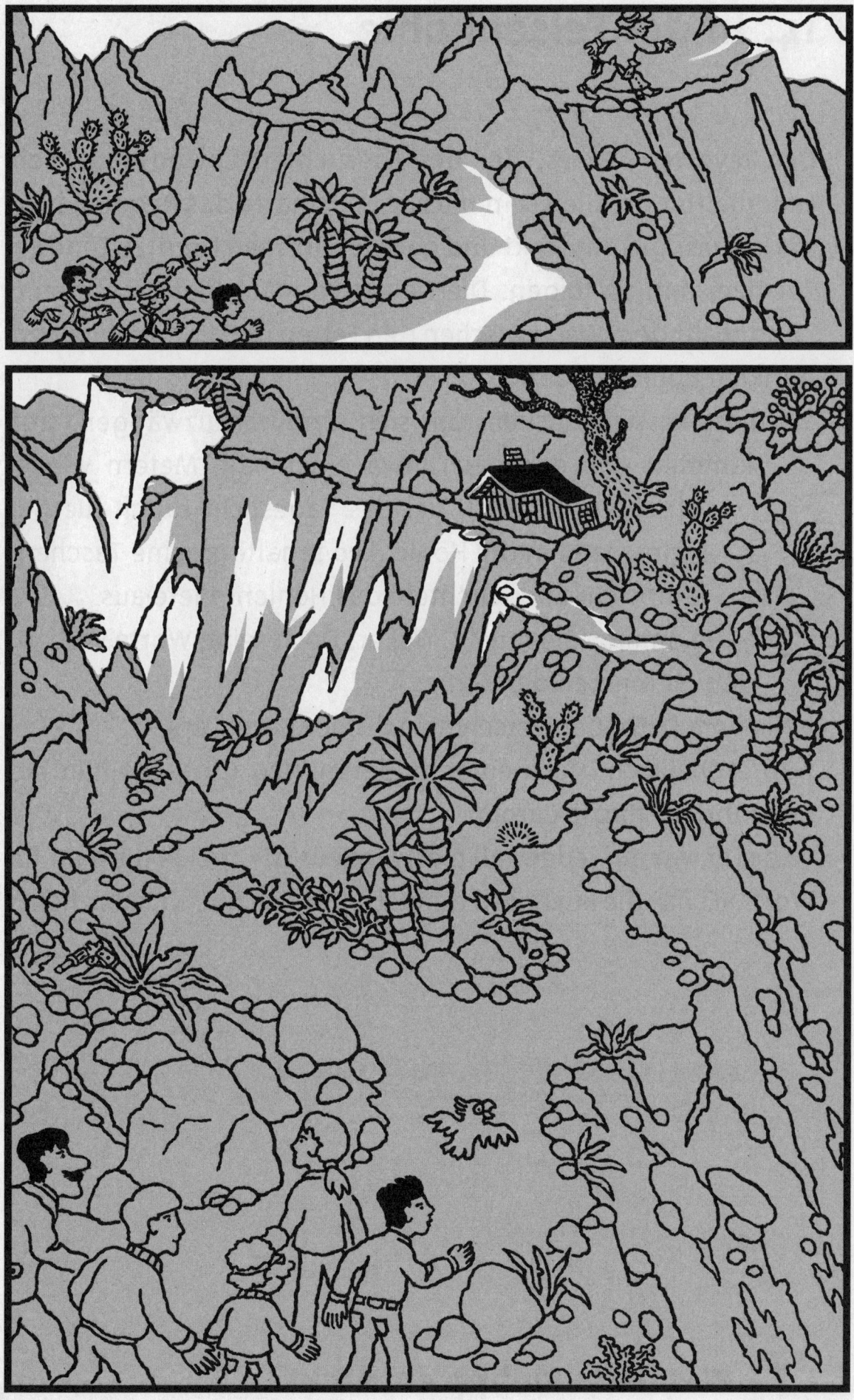

14. In der Felsenhöhle

Der Revolver war es, der dem gesuchten Cowboy aus dem Lederhalfter gefallen sein musste. Lars hatte das Requisit links am Wegesrand entdeckt und gab der übrigen Lakritzbande ein Zeichen, ihm zu folgen. Die Detektive marschierten hintereinander auf dem Weg zwischen den Felsen und kamen zu einem dunklen Höhleneingang.

Sie mussten sich bücken, um sich hindurchzuzwängen, und konnten sich erst nach etwa eineinhalb Metern wieder  aufrichten. Spärlich fiel das Tageslicht durch die Gesteinsritzen in die Höhle. Leo schaltete seine Taschenlampe ein und leuchtete das Höhleninnere aus.

»Kommen Sie raus!«, rief er. Doch seine Worte verhallten im Inneren der Höhle.

»Wie vom Erdboden verschluckt«, bedauerte Lars.

»Ob es vielleicht noch einen anderen Weg gibt, der hier herausführt?«, fragte Carolin.

»Aber er war auf jeden Fall hier! Eindeutig!«, fiel Philipp ihr ins Wort. »Er hat die kurze Zeit genutzt, um sich hier umzuziehen!«

  **Was hatte Philipp entdeckt?**

15. In neuer Verkleidung

Philipp hatte hinter einem Stein einen Stiefel entdeckt, den der Cowboy in der Höhle zurückgelassen hatte. Als Philipp sich das Schuhwerk näher anschaute, fand er auch die restliche Kleidung des Mannes.

Die Lakritzbande sah sich um und entdeckte tatsächlich einen weiteren Höhlenausgang, durch den der Gesuchte offenbar entkommen war.

»Jetzt wird es schwierig, den Mann zu finden«, meinte Flo, »wir haben kaum noch einen Anhaltspunkt.«

»Das stimmt nicht ganz. Habt ihr nicht gesehen, dass der Mann an der einen Hand nur drei Finger hatte?«, entgegnete Philipp.

»Stimmt«, antwortete Caro, »also, Augen auf!«

Die Lakritzbande stieg den felsigen Weg hinab und war schon bald wieder bei der Bühne am Fuß des Kalksteinberges angelangt. Es blieb nur noch eine halbe Stunde bis zum Beginn des Schauspiels. Sie hätte zu gern vorher den Gesuchten dingfest gemacht. Doch sie konnte die Person mit den drei Fingern nirgends entdecken.

»Der Mann ist womöglich über alle Berge«, meinte Philipp.

»Keine Sorge, ich weiß, wo er steckt«, beruhigte ihn Leo.

  **Wo hatte Leo den Mann entdeckt?**

16. Die Person ist entlarvt

Der ist aber gut getarnt«, rief Leo anerkennend. Es war nicht einfach gewesen, in der Menschentraube die Person mit den drei Fingern wiederzufinden. Erst im letzten Moment war sein Blick auf den Mann in den Frauenkleidern gefallen, der mit dem Spitzenhäubchen und dem geflochtenen Korb am Arm unter dem Eingang von »Carl & Co.« stand.

Die Lakritzbande pirschte sich vorsichtig heran. Pferde galoppierten vorbei. Juchhe-Schreie der Cowboys und fliegende Hüte sorgten für eine lebhafte Stimmung.

Der Mann mit den drei Fingern wähnte sich in Sicherheit. Erst in letzter Sekunde bemerkte er die Detektive. Er hechtete mit einem Satz an den Pferden vorbei und verschwand in der dichten Menschenmenge von »Dotch City«.

Die Lakritzbande suchte ihn zunächst vergebens, sah ihn aber dann in seinen Frauenkleidern durch die Klapptüren des Saloons in der Bar verschwinden.

Die Detektive folgten ihm und Lars hatte nach kurzer Zeit auch sein Versteck im Saloon entdeckt.

? Wo hatte sich der Mann versteckt?

17. Jähes Ende im Wilden Westen

An dem Kleiderzipfel, der aus dem Schrank rechts neben der Theke herausschaute, hatte Lars erkannt, wo sich der Verdächtige versteckt hatte.

Die Gäste im Saloon staunten nicht schlecht, als sie feststellen mussten, dass es sich bei dieser Festnahme nicht um eine Spielszene handelte. Die Handschellen schnappten zu, obwohl der Mann in den Frauenkleidern natürlich vehement seine Unschuld beteuerte. Und in der Tat konnte der Beutel mit  dem gestohlenen Goldbarren von Käthe Sengelmeier nicht bei ihm gefunden werden.

»Wo ist der Kerl bloß die Diebesbeute losgeworden?«, grübelte Leo.

Die Lakritzbande untersuchte den Laden bis in den letzten Winkel. Doch noch bevor Lars sich die Zeugen einzeln vornehmen konnte, hatte Carolin diesen Kriminalfall gelöst.

? Wo entdeckte Caro den gestohlenen Beutel?

Der Falschspieler
1. Verblüffende Erkenntnis

Den Beutel hatte Carolin unter dem aufgeklappten Deckel des Klaviers entdeckt. Als die Lakritzbande ihn öffnete, kam in der Tat der Goldbarren zum Vorschein, der Käthe Sengelmeier gestohlen worden war. Carl Brickebrack konnte zu Beginn der Aufführung am Kalksteinberg festgenommen werden. Zusammen mit seinem Komplizen wurde er noch am gleichen Tag dem Haftrichter vorgeführt.

Drei Wochen später, kurz vor den Schulferien, war die Lakritzbande wieder einmal im Taubenatelier vereint. Flo saß an seinen Hausaufgaben, während Caro die Zeitung nach den neuesten Nachrichten durchforstete.

»Was liest du denn da?«, fragte Philipp.

»Einen Artikel über einen Falschspieler, Bubi Kreuzberg, der vor drei Tagen gestorben sein soll«, berichtete Caro. Sie hielt ihren Freunden eine Abbildung des Mannes vor die Nase, dem zu Lebzeiten keine seiner üblen Machenschaften nachgewiesen werden konnte.

»Sein Begräbnis soll in vier Tagen stattfinden«, fügte Flo hinzu, der von seinen Hausaufgaben aufblickte und über Caros Schultern hinweg den Zeitungsartikel überflog.

»Komisch«, stutzte er, als er aufmerksam das große Foto in der Zeitung betrachtete, »wenn Kreuzberg mal wirklich tot ist!«

 **Was veranlasste Flo zu dieser Bemerkung?**

War Bubi Kreuzberg
wohl ein Falschspieler?

Bubi Kreuzberg

Gestrige Aufnahme des Kasinos von Mühlheim

Rätselhafter Tod des Bubi Kreuzberg

hlheim — Der plötzliche
es vermeintlichen Falsch-
Bubi Kreuzberg gibt
f. Seit einigen Jahren
olizei ihm auf der
wurf, mit gezink-
ein Vermögen
en, brachte ihn
in Unter-
els Bewei-
h wieder
gesuch-
mittel,

Akten gelegt. Vor drei Tagen
nun wurde sein Tod bekannt,
unter mysteriösen Umständen
soll er umgekommen sein. Das
Begräbnis soll in vier Tagen auf
dem Mühlheimer Ostfriedhof
um 14.00 Uhr stattfinden. Die
Polizei erhofft sich jedoch
diesem Kriminalfall k
en Erkenntnisse
Der 53.
Schl

regelmäßig aufgesucht und
mit unlauteren Machenschaften sehr viel Geld g
haben. Ob Bubi K
nen krimi
allei

2. Bei der Friedhofskapelle

Es müsste doch mit dem Teufel zugehen, wenn das nicht Bubi Kreuzberg ist«, meinte Flo verblüfft, der auf dem großen Foto oben rechts neben dem Kasino den Mann wiedererkannt zu haben glaubte.

»Das würde ja bedeuten, dass...« Philipp blieb die Spucke weg.

»Hej«, unterbrach ihn Caro, »das hieße ja, Kreuzberg lebt!«

Am Morgen des Beisetzungstages fand sich die Lakritzbande auf dem Friedhof ein, um zu erfahren, wer tatsächlich beerdigt werden würde. Das Grab war schon ausgehoben, es lag direkt bei der Friedhofskapelle.

Pünktlich kurz vor vierzehn Uhr kehrten Philipp, Flo und Carolin an die gleiche Stelle zurück und versteckten sich. Sie hatten freie Sicht auf die Trauergemeinde, ohne selbst gesehen zu werden. Es waren nicht viele Personen, die vom vermeintlich Verblichenen Abschied nehmen wollten, und die Lakritzbande schaute sich jeden Einzelnen genau an.

»Seht ihr, wie die Sargträger keuchen?«, flüsterte Caro ihren Freunden zu, als sich die Trauergemeinde näherte.

»Fragt sich nur, was im Sarg ist«, überlegte Flo.

»Mir würde da sofort etwas einfallen«, antwortete Philipp, dem aufgefallen war, dass sich seit dem Morgen auf dem Friedhof etwas verändert hatte.

  **Was meinte Philipp damit?**

3. Nach der Beisetzung

Philipp waren die Backsteine aufgefallen, die am Morgen noch neben der Friedhofskapelle gelegen hatten und zum Zeitpunkt der Beisetzung nicht mehr zu sehen waren. Lag es nicht nahe, dass irgendjemand in den Sarg statt des nicht vorhandenen Toten lauter Ziegelsteine gelegt hatte?

»Wenn dem tatsächlich so ist«, fuhr Philipp in seinen Überlegungen fort, »muss der Falschspieler einen triftigen Grund gehabt haben, der Öffentlichkeit seinen Tod vorzuspiegeln!«

»Natürlich«, antwortete Caro, »wer etwas zu verbergen hat und vermeiden will, dass man ihm auf die Schliche kommt, täuscht seinen eigenen Tod vor.«

»Das hört sich gespenstisch an«, warf Flo ein.

Nach der Beerdigung zerstreuten sich die Trauergäste. Die Lakritzbande verließ ihr Versteck erst einige Zeit später und schlenderte in Richtung Friedhofsausgang.

»Ich glaube, wir haben einen ganz großen Fisch an der Angel!«, verkündete Philipp, dem die ganze Sache nicht aus dem Kopf ging.

»Pssst, nicht so laut«, unterbrach Caro, »jemand belauscht uns!«

 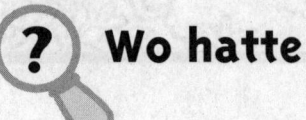 **Wo hatte Caro jemanden entdeckt?**

4. Im Schuppen auf dem Friedhof

Caro machte ihre Freunde auf die Person aufmerksam, die sie beim Verlassen des Friedhofs am rechten Fenster hinter der Mauer in der verfallenen Remise entdeckt hatte. Um nachzuschauen, was es damit auf sich hatte, schlichen Philipp, Flo und Carolin von hinten an das Gemäuer heran. Doch die Person hatte offensichtlich Lunte gerochen und war rechtzeitig getürmt.

»Wer um Himmels willen mag uns eben belauscht haben?«, fragte sich Philipp.

Die Lakritzbande schaute sich im Inneren des Gebäudes um. Da hörte Flo ein merkwürdiges Geräusch und drehte sich um. Aber es waren nur kleine Schwalben, die im Nest unter dem Dachgebälk piepsten.

»Fehlalarm«, meinte Caro, als sie kurz darauf den kühlen, kargen Raum untersucht hatte.

»Stimmt«, fügte Flo hinzu, »zudem extrem ungemütlich hier. Lasst uns verschwinden!«

Doch Philipp blieb hartnäckig. Als die Lakritzbande schon im Begriff war fortzugehen, machte er eine kleine, aber für den späteren Verlauf wichtige Entdeckung.

»Kreuzberg selbst oder jemand, der ihn kannte, muss uns belauscht haben. Das habe ich so im Gefühl. Hier ist auch ein Indiz dafür!«, meinte Philipp.

? Was hatte Philipp gefunden?

5. »Zum roten Zinker«

Es war ein angerissener Papierschnipsel, auf dem Philipp den Namen des Falschspielers entziffern konnte. Rasch hob Philipp das Papier auf und staunte nicht schlecht, als er es umdrehte und sah, dass es sich um eine Eintrittskarte handelte. Kreuzberg hatte sich vermutlich eine Karte zu einem Festbankett auf seinen Namen zurücklegen lassen.

Im Taubenatelier beratschlagte die Lakritzbande, wie sie weiter vorgehen könnte.

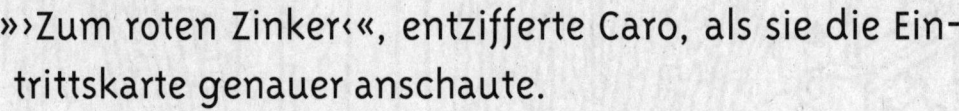

»›Zum roten Zinker‹«, entzifferte Caro, als sie die Eintrittskarte genauer anschaute.

»Das wird die Kneipe in der Hopfengasse sein«, ergänzte Leo, »eine üble Spielerkneipe.«

»Also los, schauen wir uns dort einmal um«, rief Lars unternehmungslustig.

Am späten Nachmittag traf die Lakritzbande am besagten Ort ein. Lars und Leo setzten sich in der Kneipe an den Tresen, um sich umzuschauen. Philipp, Flo und Carolin beobachteten währenddessen den Spielbetrieb von draußen durchs Fenster, wohl wissend, dass für Kinder der Zutritt verboten war.

»Nur lauter ehrliche Spieler hier!«, meinte Philipp etwas ironisch, als er jeden einzelnen Gast aufmerksam betrachtet hatte.

»Wie man's nimmt«, entgegnete Flo trocken, »eine Person spielt in jedem Fall mit unsauberen Methoden.«

  **Welche Person meinte Flo?**

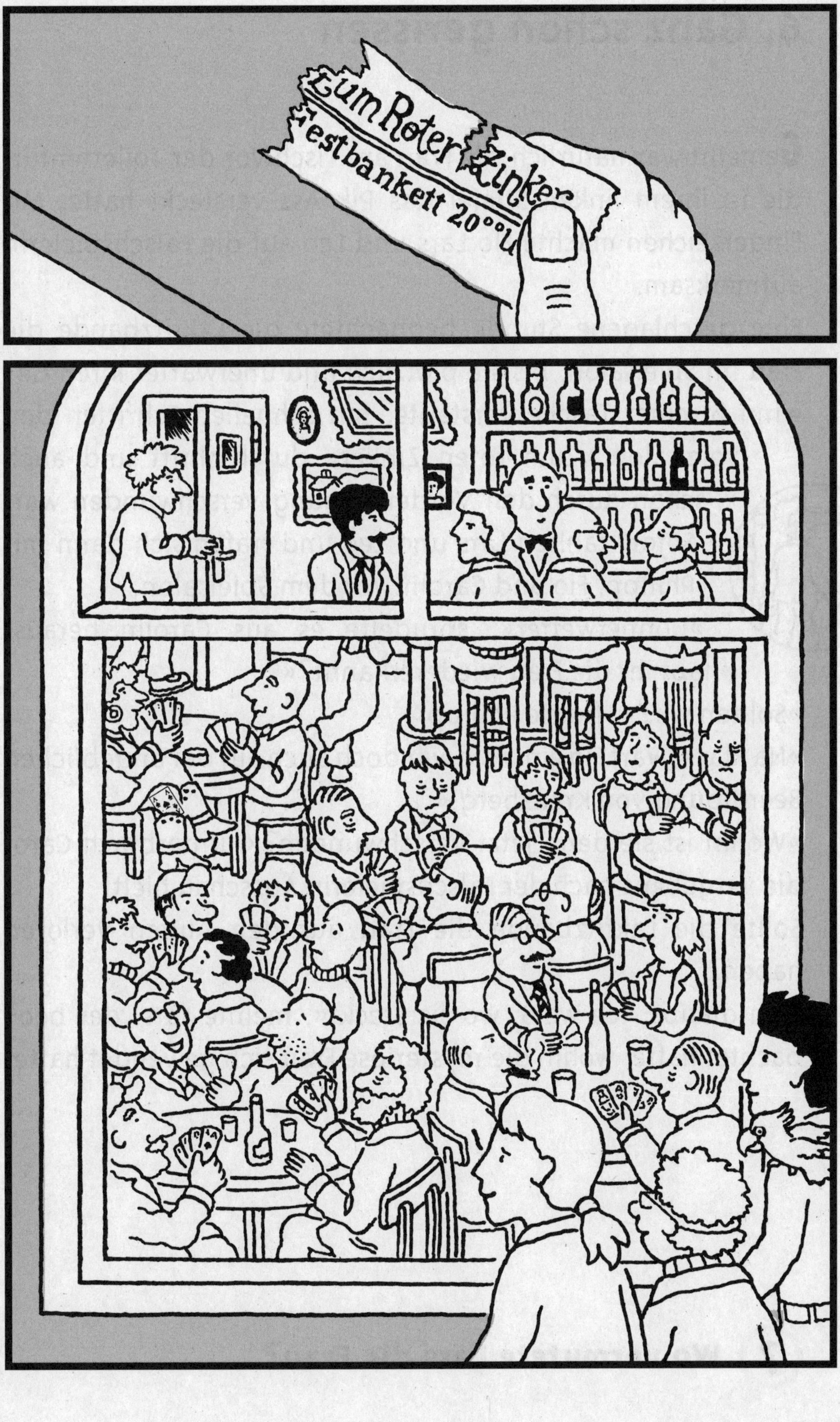

6. Ganz schön gerissen

Gemeint war natürlich die Frau am Tisch vor der Toilettentür, die in ihrem linken Stiefel das Pik-Ass versteckt hatte. Mit Fingerzeichen machte Flo Lars und Leo auf die Falschspielerin aufmerksam.

Eine geschlagene Stunde beobachtete die Lakritzbande die Frau im Spielsalon, bis sie plötzlich und unerwartet ihren Gewinn in einer Tasche verstaute, mit schnellen Schritten den Spielsalon »Zum roten Zinker« durchschritt und auch schon durch den Vorderausgang verschwunden war.

Sofort zahlten Lars und Leo und trafen sich dann mit Philipp, Flo und Carolin vor dem Spielsalon.

»Donnerwetter«, sprudelte es aus Carolin heraus, »habt ihr die Frau wiedererkannt?«

»Sollten wir?«, fragte Philipp.

»Na klar«, warf Flo ein, »sie war doch auch auf der angeblichen Beerdigung von Kreuzberg.«

»Wohin ist sie denn jetzt verschwunden?«, unterbrach Caro, die vergebens nach der Falschspielerin Ausschau hielt.

Sollte die Lakritzbande die Frau aus den Augen verloren haben?

»Ich glaube, ich weiß, wo sie steckt«, meinte Lars, der beobachtet hatte, wohin die mysteriöse Frau sich gewendet hatte.

? **Wo vermutete Lars die Frau?**

7. Die geheimnisvolle Windmühle

Los, hinterher!«, rief Lars seinen Freunden zu. Er hatte beobachtet, wie die Frau in den Kleinlaster gestiegen war, der gerade zwei Querstraßen weiter rechts um die Ecke bog. Lars lag mit seiner Vermutung richtig, denn er hatte auf der Ladefläche des Lasters die auffälligen Stiefel wiedererkannt, die die Frau getragen hatte. Die Detektive rannten den Bürgersteig entlang, in der Hoffnung, den Wagen im dichten Verkehr einholen zu können. Aber sie sahen nur noch seine Heckleuchten, als er an einer Ampel bei Grün anfuhr und davonbrauste.

»Zu spät«, schnaufte Leo. Eine halbe Stunde später fuhren sie selbst die Strecke ab. Auf gut Glück entschied sich die Lakritzbande für eine wenig befahrene Landstraße. Die Straße war mit Schlaglöchern übersät und zwang sie, langsam zu fahren. Sie führte an ausgedehnten Wiesen und Feldern vorbei.

»Wenn wir hier mal richtig sind«, meinte Philipp nach einer Weile, als sie sich einer versteckt liegenden Windmühle näherten.

»Lasst uns umkehren«, schlug Lars vor, »ich glaube, wir sind hier falsch!«

»Ganz im Gegenteil«, meinte Leo, als sie auf dem Grundstück haltmachten. »Hier sind wir goldrichtig. Die Frau, die wir suchen, muss hier gewesen sein.«

  **Welchen Beweis hatte Leo entdeckt?**

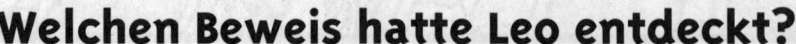

8. Ein seltsames Zuhause

Leo war das Autokennzeichen aufgefallen, das nun nicht mehr am Kleinlaster, sondern an den Trecker montiert war, der ein wenig abseits vom Hof neben der Windmühle stand.

»Sonderbar, was hat das zu bedeuten?«, flüsterte Philipp, als sich die Lakritzbande vorsichtig der Mühle näherte.

Neugierig betraten die Detektive die Mühle und stellten schnell fest, dass sich hier außer ihnen keine Menschenseele aufhielt.

»Die Dame ist verschwunden«, seufzte Caro, »aber vielleicht finden wir hier ja etwas, was uns Aufschluss geben könnte.«

»Also los! Lasst uns keine Zeit verlieren«, rief Lars und begann, die alten Kornsäcke und Kisten zu durchstöbern. Leo entdeckte eine Luke, die in ein tiefer gelegenes Gewölbe führte. Philipp, Flo und Carolin stiegen währenddessen die Leiter hinauf und untersuchten das Gebälk. Von oben bot sich eine besonders gute Sicht auf den Raum. Philipp war sich nun erst recht sicher, dass in der Windmühle Kartenspieler zu Hause waren.

? Weshalb war sich Philipp so sicher?

9. Die gezinkte Karte

Philipp hatte auf dem Gebälk eine versteckte Spielkarte entdeckt, den Kreuz-Buben. Gerade als Philipp, Flo und Carolin stolz mit ihrem Fund die Leiter hinabsteigen wollten, kam ihnen von unten Leo entgegen. Im Keller hatte er eine alte Reisetasche gefunden, aus der er ein komplettes Kartenspiel hervorzauberte.

»Holla, schaut mal, was ich hier gefunden habe«, rief er.

»Exakt zweiunddreißig Karten«, entgegnete Lars, als er den kompletten Satz durchgeschaut hatte.

»Wie erstaunlich«, meinte Flo zu Lars, »eigentlich müsste der Kreuz-Bube fehlen, wo er doch die gleiche Struktur auf der Rückseite aufweist wie dieser Kartensatz.«

»Das hat nichts zu bedeuten«, mischte Leo sich ein, »vielleicht gehört die von euch gefundene Spielkarte zu einem zweiten Satz, der hier noch irgendwo herumliegt!«

»Das glaub ich nicht«, warf Caro ein, als sie die beiden gleichen Motive des Kreuz-Buben nebeneinanderlegte.

»Auf den ersten Blick sind die Karten identisch«, fuhr Caro fort, »aber bei näherem Hinschauen wird klar, dass die Karte, die oben auf dem Dachboden lag, vermutlich gezinkt ist!«

  **Worin unterschieden sich die Spielkarten?**

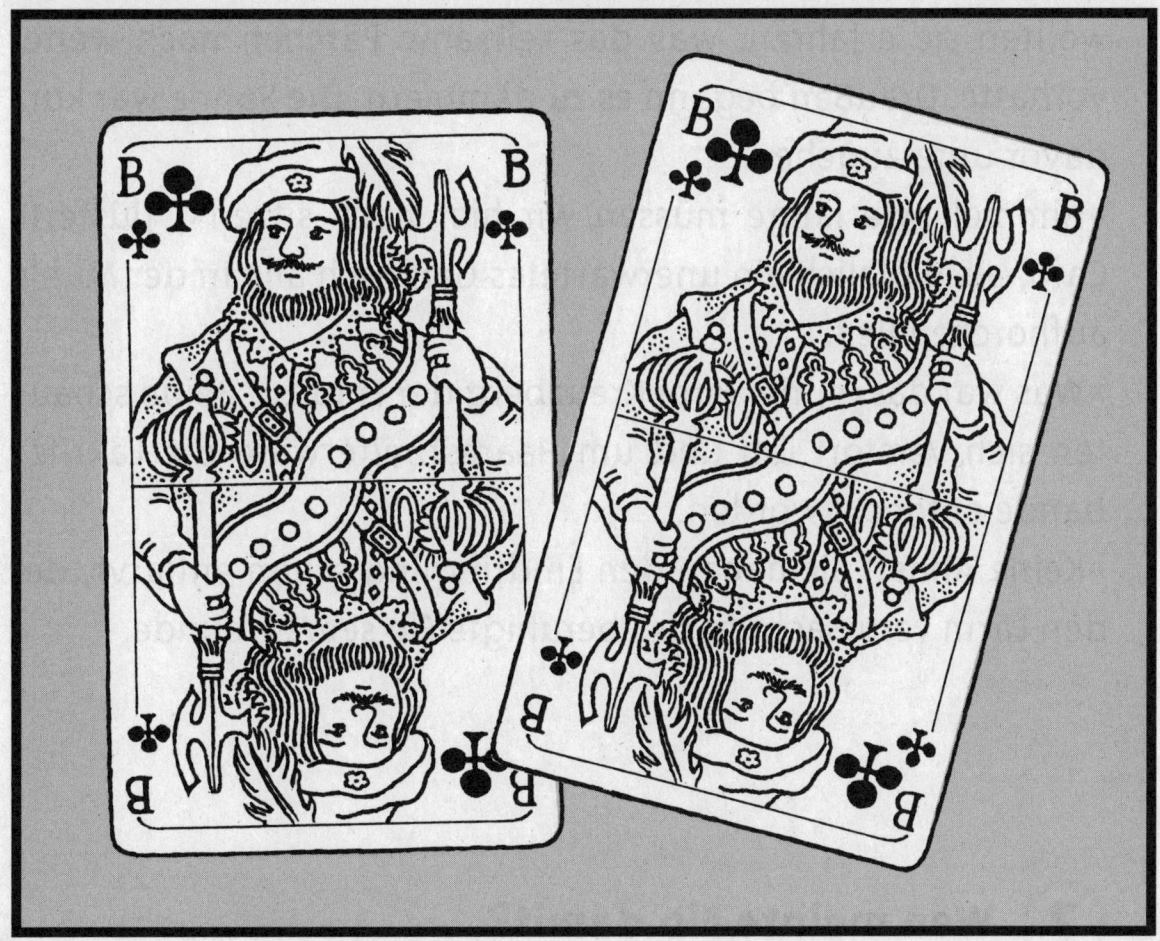

10. Flucht nach oben

Mit sicherem Blick hatte Caro festgestellt, dass es einen kleinen Unterschied zwischen den beiden Spielkarten gab. Auf der gefälschten Karte trug der Kreuz-Bube seinen Ring statt auf dem Ringfinger auf dem Mittelfinger.

»Psst«, unterbrach Flo, »da kommt jemand. Wir müssen verschwinden!«

Deutlich war vom Hof vor der Mühle ein Motorengeräusch zu hören. Rasch stiegen sie alle die Leiter hoch und hatten sich gerade oben auf dem Dachboden versteckt, als ein Mann und eine Frau die Mühle betraten.

»Donnerwetter«, flüsterte Philipp, »da sind sie ja! Die trauernde Witwe und der Tote.«

Die Lakritzbande verhielt sich mucksmäuschenstill. Natürlich wollten sie erfahren, was das seltsame Pärchen noch weiter vorhatte. Draußen begann es zu dämmern. Die Sonne war kurz davor unterzugehen.

»Himmel, wie lange müssen wir hier noch sitzen«, flüsterte Caro, als plötzlich ein unerwartetes Geräusch alle in der Mühle aufhorchen ließ.

»Was war das?«, rief Bubi Kreuzberg der Frau zu. Beide schauten sich verstört um und um Haaresbreite wäre die Lakritzbande entdeckt worden.

»Keine Angst! Sie haben den Eindringling schon entlarvt, der den Lärm verursacht hat!«, beruhigte Flo seine Freunde.

  **Wen meinte Flo damit?**

11. Das entschlüsselte Rätsel

Puuuh, Glück gehabt«, entspannte sich Philipp, als auch er die Eule sah, die durch das zerbrochene Fenster hereingeflogen war.

Noch etwa eine halbe Stunde musste die Lakritzbande auf dem Dachboden ausharren. Und sie bekam sehr Aufschlussreiches zu sehen.

Unter dem grellen Licht einer Glühbirne entfaltete Bubi Kreuzberg einen Zettel.

»Kannst du dir die Stelle merken?«, fragte Kreuzberg in energischem Ton die Frau, die ihm gegenübersaß.

»Klar«, gab sie gereizt zurück, »morgen Nachmittag Punkt vier Uhr bin ich da. Du kannst dich drauf verlassen!«

»Gut!«, erwiderte Kreuzberg, nahm den Zettel, zerknüllte ihn und warf ihn auf den Boden. Dann löschte er das Licht und verließ mit der Frau die Mühle.

Bevor sich auch die Detektive davonschlichen, hob Lars das zerknüllte Papier auf.

»Eindeutig ein Lageplan, vier Punkte und ein Kreuz«, murmelte Leo tags darauf. Er holte eine örtliche Landkarte mit allen eingezeichneten Touristenattraktionen, um Kreuzbergs Plan zu entschlüsseln. Leo war klar, dass die schwarzen Punkte auf der Skizze exakt der Anordnung bestimmter Orte auf der Landkarte entsprachen. Und das eingezeichnete Kreuz war wohl der Treffpunkt der Ganoven.

  **Wo war der Treffpunkt?**

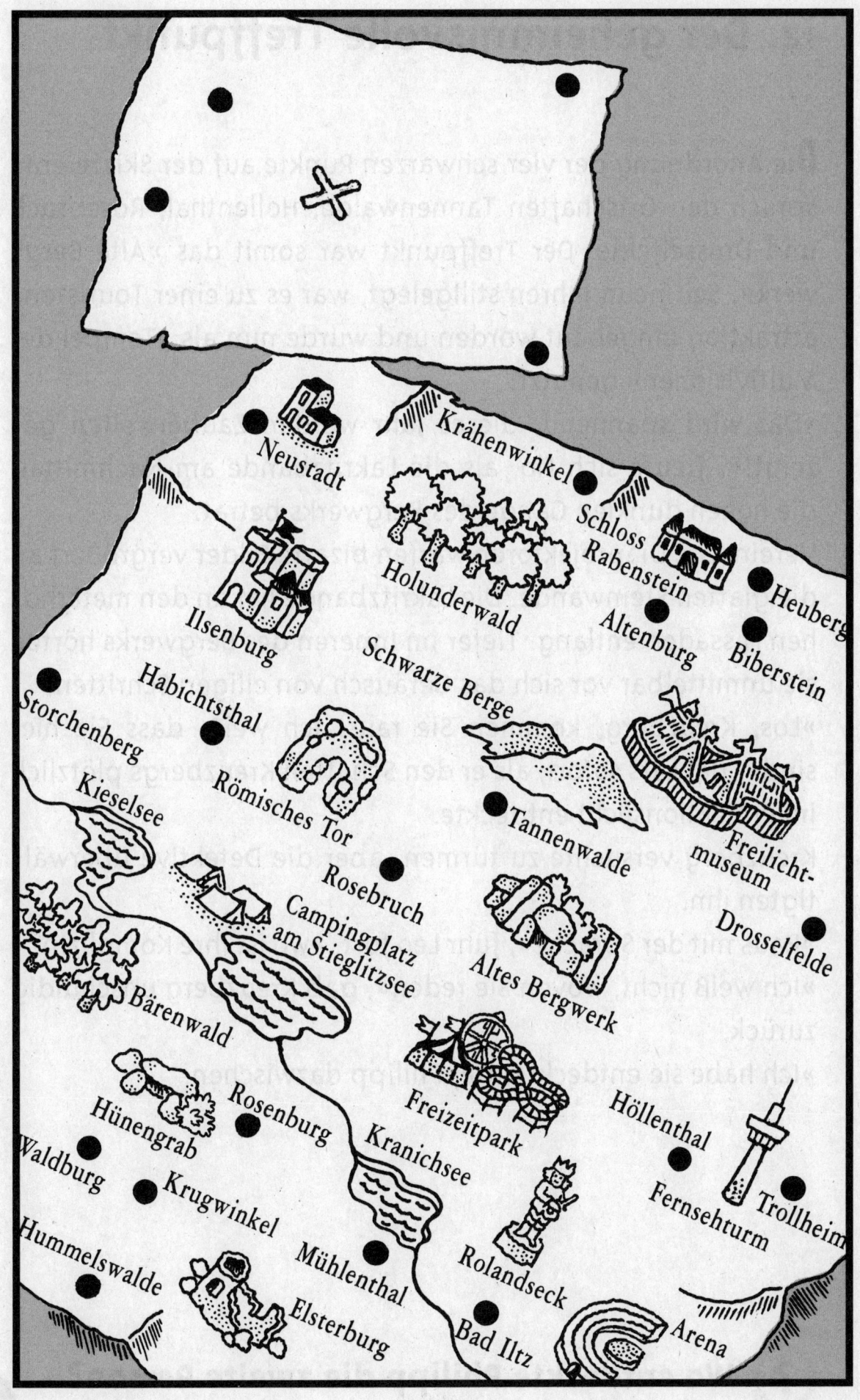

12. Der geheimnisvolle Treffpunkt

Die Anordnung der vier schwarzen Punkte auf der Skizze entsprach den Ortschaften Tannenwalde, Höllenthal, Rosebruch und Drosselfelde. Der Treffpunkt war somit das »Alte Bergwerk«. Seit neun Jahren stillgelegt, war es zu einer Touristenattraktion umgebaut worden und wurde nun als »Tempel der Multivisionen« genutzt.

»Das wird spannend, dieses Jahr werden Zauberwelten gezeigt!«, freute sich Flo, als die Lakritzbande am Nachmittag die hohen dunklen Gänge des Bergwerks betrat.

Vereinzelte Diaprojektoren warfen bizarre Bilder vergrößert an die glatten Steinwände. Die Lakritzbande lief an den meterhohen Fassaden entlang. Tiefer im Inneren des Bergwerks hörten sie unmittelbar vor sich das Geräusch von eiligen Schritten.

»Los, Kreuzberg, kommen Sie raus. Ich weiß, dass Sie hier sind«, rief Lars sofort, als er den Schatten Kreuzbergs plötzlich im Projektionslicht entdeckte.

Kreuzberg versuchte zu türmen, aber die Detektive überwältigten ihn.

»Raus mit der Sprache«, fuhr Leo fort, »wo ist Ihre Komplizin?«

»Ich weiß nicht, wovon Sie reden«, gab Kreuzberg unschuldig zurück.

»Ich habe sie entdeckt«, rief Philipp dazwischen.

❓ Wo entdeckte Philipp die zweite Person?

13. Ein Wurf ins Dunkle

Die Komplizin hatte sich oben zwischen den großen Steinen versteckt, wo man ihr Gesicht ausmachen konnte. Weil die Detektive den Fluchtweg versperrten, ergab sie sich ohne Widerstand. Zwar versuchte sie, schnell noch zwei kleine Säcke loszuwerden, aber die Lakritzbande vereitelte dies und konnte somit wichtiges Beweismaterial sicherstellen. Denn die beiden Säcke waren randvoll mit Geld.

Lars wollte sich die beiden Falschspieler noch einmal genauer vorknöpfen. Aber als die Handschellen klickten, entledigte sich Kreuzberg blitzschnell eines metallenen Gegenstandes. Er warf etwas in hohem Bogen fort und einige Meter weiter schlug es hart auf dem Boden auf.

»Was war das?«, fragte Philipp.

Geistesgegenwärtig war Florentin sofort hinterhergesprungen und kam nach kurzer Zeit triumphierend zurück.

  **? Was hatte Kreuzberg weggeworfen?**

14. Die vier Zeichen

Es war ein schwarzer, gusseiserner Schlüssel, der so hart auf dem Felsen aufgeschlagen war. Florentin hatte ihn zwischen den Steinen entdeckt, während Lars und Leo das Ganovenpärchen festhielten.

»Das ist also das Geld aus dem Spielsalon«, meinte Leo in Richtung der Frau, als er den Inhalt der Säckchen genauer untersuchte.

»Tut uns leid, aber wir wissen wirklich nicht, wovon Sie reden«, entgegnete Bubi Kreuzberg immer noch ganz unschuldig.

»Reden Sie nicht«, unterbrach Lars ihn, »sagen Sie uns lieber, was wollten Sie mit dem Schlüssel und was haben Sie hier gesucht?«

»Es würde mich nicht wundern, wenn Sie die Spielkartenfarben gesucht haben, die Sie im Fels markiert haben«, warf Caro zur Überraschung aller ein.

Ihr Gedanke war großartig und sowohl von Bubi Kreuzberg als auch von seiner Komplizin war nun kein Widerspruch mehr zu hören. Für Caro war klar, es galt, die beiden roten und die beiden schwarzen Spielkartenfarben gedanklich je mit einer Linie zu verbinden und den Punkt zu orten, wo sie sich kreuzten. Auf diesem Schnittpunkt würde man des Rätsels Lösung finden. Da war sich Caro ganz sicher.

  **Worauf wiesen die vier Spielkartenfarben?**

15. Die letzte Meldung

In der Zeitung wurde zwei Tage später von den Geschehnissen im Bergwerk berichtet. Carolin hatte die Spielkartenfarben auf dem Fels zwischen den Multivisionsbildern entdeckt und ihre Überlegung war goldrichtig gewesen. Denn dort, wo sich die Linie der schwarzen Spielkartenfarben Kreuz und Pik und die von Herz und Karo trafen, hatte die Lakritzbande zwischen den Steinen eine kleine Truhe entdeckt.

Mit dem von Kreuzberg weggeworfenen Schlüssel ließ sich das Schloss der Truhe leicht öffnen. Zum Vorschein kam die Beute — das gesamte Geld, das sich das Ganovenpärchen im Laufe der letzten Jahre durch raffiniertes Falschspielen in Kasinos und Spielsalons ergaunert hatte. Dank der Lakritzbande war es gelungen, Bubi Kreuzberg zu entlarven und ihm das Handwerk zu legen. Durch seinen vorgetäuschten Tod hatte er sich den bereits gegen ihn eingeleiteten Untersuchungen entzogen. Um den Trick mit der Beerdigung zu überprüfen, wurde übrigens sein Grab noch einmal geöffnet. Wie vermutet befanden sich im Sarg nur Backsteine.

Inhalt

Zur Person
Julian Press

Foto: © privat

Julian Press, Jahrgang 1960, studierte in Hamburg an der Fachhochschule Grafik und Illustration, hat in einem Jugend-buchverlag volontiert und war dann für Jugendzeitschriften und in einer Werbe-agentur tätig. Schon bald begann er selbst für Kinder zu schreiben und zu zeichnen. Er trat früh in die Fußstapfen seines Vaters, Autor der berühmten »Schwarzen Hand«, und begann eigene Ratekrimis und Wimmelbilder zu entwerfen. Nach längerem Aufenthalt in Brüssel lebt er heute mit seiner Frau als freier Grafiker und Autor in Hamburg. Seine sehr lebendigen, inter-aktiven Lesungen sind bei kleinen und großen Spürnasen sehr beliebt.

Julian Press

FINDE DEN TÄTER

Spannende
Such- und Ratekrimmis
für alle
Wimmelbildspezialisten

Finde den Täter
Operation Goldenes Zepter
128 Seiten, ISBN 978-3-570-13081-0

Finde den Täter
Tatort Krähenstein
128 Seiten, ISBN 978-3-570-13082-7

Finde den Täter
Der Fluch des schwarzen Schützen
128 Seiten, ISBN 978-3-570-13083-4

Finde den Täter
Aktion Gelber Drache
128 Seiten, ISBN 978-3-570-13084-1

Finde den Täter
Geheimbund Rote Koralle
128 Seiten, ISBN 978-3-570-13233-3

Finde den Täter
Das Geheimnis der schwarzen Dschunke
128 Seiten, ISBN 978-3-570-13856-4

Finde den Täter
Jagd auf Dr. Struppek
128 Seiten, ISBN 978-3-570-15310-9

Finde den Täter
Die Schatzkarte von Lilienstein
128 Seiten, ISBN 978-3-570-15489-2

Finde den Täter
Der Dieb im Saurierpark
128 Seiten, ISBN 978-3-570-17436-4

10336_9

www.cbj-verlag.de

Hans Jürgen Press
Rätselspaß für Spürnasen

128 Seiten, illustriert, ISBN 3-570-12870-9

77 Denk-, Such- und Wimmelrätsel für Adleraugen und Hobby-Detektive. Da heißt es: genau hinsehen und Köpfchen beweisen, um optischen Täuschungen auf die Spur zu kommen und Verstecktes in Wimmelbildern zu entdecken. Wer ein Rätsel nicht knacken kann, darf sich im Lösungsanhang schlau machen!

www.cbj-verlag.de

7324

Thomas Winkler
Luis und Lena –
Die Zahnlücke des Grauens

ca. 224 Seiten, ISBN 978-3-570-17749-5

Nach seinem ersten Eishockey-Versuch hat Luis (12) einen Zahn
weniger und dafür eine völlig durchgeknallte Zahnfee an der
Backe, sichtbar nur für ihn. Dabei glaubt er doch gar nicht an solch
unwissenschaftlichen Firlefanz! Die zornige »Zafezupro« (Zahnfee zur
Probe) hat ein Problem: Sie braucht Luis' Zahn, sonst ist sie ihre Lizenz
für immer los. Aber der ausgeschlagene Beißer wird als Trophäe von
den »Wildschweinen« verwahrt – jener Clique, in die Luis nur zu
gern aufgenommen würde. Als ihm seine Mitschülerin Lena zu Hilfe
kommt, schöpft er Hoffnung. Vielleicht wird er die peinliche Fee doch
noch los und Mitglied der »Wildschweine« …

www.cbj-verlag.de

10433

Lincoln Peirce
Super Nick

**Bis später,
ihr Pfeifen!**
Band 1, 224 Seiten,
ISBN 978-3-570-15316-1

**Ihr seid raus,
ihr Flaschen!**
Band 2, 224 Seiten,
ISBN 978-3-570-15354-3

**Platz da,
ihr Nieten!**
Band 3, 224 Seiten,
ISBN 978-3-570-15554-7

**Packt ein,
ihr Knalltüten!**
Band 4, 224 Seiten,
ISBN 978-3-570-15622-3

**Ohne mich,
ihr Sesselpupser!**
Band 5, 224 Seiten,
ISBN 978-3-570-15681-0

**Ich zeig's euch,
ihr Dumpfbacken!**
Band 6, 224 Seiten,
ISBN 978-3-570-15850-0

**Bei mir läuft's,
ihr Nullchecker!**
Band 7, ca. 224 Seiten,
ISBN 978-3-570-17175-2

**Das war's,
du Nerd!**
Band 8, ca. 224 Seiten,
ISBN 978-3-570-17322-0

10195_8_

www.cbj-verlag.de